# 함께 비를 맞는

## 평화로운 화요일

시민과 함께하는 인권 서로 배우기

# 함께 비를 맞는 평화로운 화요일

시민과 함께하는 인권 서로 배우기

강남순, 김이정, 나의갑, 문호승, 승효상, 윤종률, 이정구, 정주진 | 지음

다문화평화교육연구소 | 엮음

도서출판 말

# 함께 맞는 비, 함께 하는 연대

돕는다는 것은 우산을 들어주는 것이 아니라 함께 비를 맞는 것입니다. …
함께 맞는 비는 돕는다는 것이 물질적인 것이 아니고 또 물질적인 경우에도
그 정이 같아야 한다는 뜻입니다.                                    _신영복

성공회대학교에서 강의를 맡았던 신영복 선생님은 '함께 맞는 비'라는
붓글씨를 자주 쓰셨다. 함께 맞는 비는 함께 사는 사람들이 서로를 연민하
고 연대하는 마음을 표현했다고 이해한다. 비가 오면 비를 맞는 대신에
우산을 함께 쓰는 게 방법이다. 하지만 우산이 없는 사람들과 제대로 연대
하는 일은 내가 가진 우산을 접고 우산이 없는 사람들 곁에서 함께 비를
맞는 일이다. 사람이 누리는 권리이며 사람에 대한 예의인 '인권'에 관해서
시민과 함께 서로 비추며 서로 배우는 일은 '함께 비를 맞으며 연대'하는
일과 같다.

이 책은 2022년 다문화평화교육연구소가 '시민과 함께하는 인권 서로 배우기' 프로그램으로 네 번째 여행을 떠난 이야기를 묶은 것이다. 고통에 응답하며, 현장으로 여행을 떠나며 함께 비를 맞는 사람들과 나누는 이야기는 함께하는 '시민'에게 서로 비추어 배우는 시간과 공간이었다.

2022년 '시민과 함께하는 인권 서로 배우기'는 평화, 역사, 세계시민주의 철학, 문학, 건축, 미술, 재난, 노년이라는 주제를 '인권'과 연관해서 살펴보는 여행이었다. 광주까지 찾아와 현장 이야기와 삶의 경험을 전해준 강사 선생님 덕분에 서로 비추며 서로 배우는 시간과 공간이 가능했다.

첫 번째 강좌 주제는 '인권과 평화'다. 강의를 맡은 정주진 선생님은 "더불어 평화롭게 살 수 있을까?"라는 질문으로 강의를 시작했다. 사람과 사람이 더불어 평화롭게 살 수 있는가를 질문하는 시간과 공간이었다. 함께 살려면 인정하고 존중하고 대화하고 협력해야 함을 깨닫고 그 길을 찾으려 묻고 듣고 또 질문해야 한다. 혐오와 차별과 위계가 판치는 세상에서 평화적 방법과 대화로 대안을 찾으려는 강좌였다.

두 번째 강좌 주제는 '인권과 역사'다. 광주전남언론인협회 회장 나의갑 선생님께서 강의를 맡았다. 1980년 5월 광주는 진실이 아니라 유언비어로 얼룩졌고, 아직도 언론은 반성과 사과가 없다는 인식에서 시작했다. 언론이 재갈 물려 제대로 목소리를 낼 수 없던 상황에서 선택할 수 있는 최선은 붓을 놓는 일이었고 그렇게 행동한 기자가 있었음을 회상한다. 피해자 시각이 아니라 가해자 관점에서 5·18민중항쟁을 바라보고, 왜곡과 거짓에 앞장선 언론이 모두 함께 반성하고 사과하는 것, 그리고 아직도 행방불명한 실종자에 대한 조사가 필요함을 피력하는 강좌였다.

세 번째 강좌 주제는 '인권과 세계시민주의 철학'이다. 강의를 시작하며 강남순 선생님은 스스로 적고, 소통하고, 교류하고, 발견하고, 배우며 함께 걷자고 제시하며 질문이 지닌 중요성을 강조한다. 의도성, 주체성, 개별성이란 용어와 개념을 쉽게 설명한다. 또한 참석자가 스스로 질문 앞에서 답변을 찾도록 요청한다. 질문을 던지는 것과 스스로 깨닫고 아는 페다고지가 겹치는 강의였다. '나와 다른 사람 얼굴을 들여다보라'라며 얼굴만으로 환대하고 존중하는 함께 살아감으로써 철학을 지향하는 삶을 살아가자고 제안하는 강좌였다.

네 번째 강좌 주제는 '인권과 문학'이다. 일제강점기와 한국전쟁 이후 이념 대립이 낳은 고통과 아픔을 온몸으로 받아 안은 아버지를 떠올리며 자전적 장편소설『유령의 시간』을 썼다고 말하는 소설가 김이정 선생님은 글쓰기가 삶을 구해준 구명보트라고 고백한다. 10년간 쓴 소설을 묶은 소설집『네 눈물을 믿지 마』는 파산, 베트남전쟁과 민간인 학살, 국가폭력 주제를 폭넓게 다루며 역사와 개인이 씨줄과 날줄로 엮어진 삶을 보여 준 책이라 소개한다. 현실에 기초한 상상이 글쓰기와 연대하고 구체적 평화 만들기와 함께 살아감으로 초대하며, 글쓰기가 지닌 영향과 힘을 배운 강좌였다.

다섯 번째 강좌 주제는 '인권과 건축'이다. 건축물도 소중하지만, 건축물이 담고 있는 공간과 그 공간을 채우는 수많은 기억에 주목하라고 건축가 승효상 선생님은 강조한다. 빈자의 미학 재론을 언급하며 공간, 기능, 형태, 도시, 기억과 지문, 영성을 하나씩 설명했고, 건물과 공간을 찾아서 그 주제를 곱씹고 되새기며 스스로 배우기를 제안한다. '빈자의 미학, 여기서는 가짐보다 쓰임이 중요하고, 더함보다는 나눔이 중요하며, 채움보다는 비움이 중요하다'는 걸 깨닫게 한 강좌였다.

여섯 번째 강좌 주제는 '인권과 미술'이다. 강의를 맡은 이정구 선생님은 성상이란 환유하는 것이지 숭배하는 것이 아니라고 강조하며 이것이 우상이 되는 까닭은 의지하고 맡기고 숭배하고 복을 비는 물체가 되었기 때문이라고 지적한다. 동방과 서방 기독교 전통, 로마제국과 기독교, 팍스로마나가 지닌 힘과 무력으로 평정하는 의미를 설명하며 서구 교회 건축물에 담긴 상징을 설명하는 강좌였다.

일곱 번째 강좌 주제는 '인권과 재난'이다. 강의를 맡은 문호승 선생님은 재난으로 피해당한 사람과 가족에게 상처가 될 수 있음에 인권과 재난이란 주제로 강좌를 개설하는 게 쉽지 않음을 설명했다. 대한민국 참사 역사를 소개할 때 당시 기억이 떠올라 무거운 탄식과 정적이 강의 공간을 채웠다. 성찰과 반성 없이, 배우고 지혜를 축적하지 않은 결과 비극이 반복되는 '비정상의 정상화'라는 장벽 허물기에 나서야 할 필요성을 기억하도록 이끈 강좌였다.

여덟 번째 강좌 주제는 '인권과 노년'이다. 윤종률 선생님은 건강권이 인권 차원으로 확장해야 할 필요를 말하며 고령사회와 초고령사회로 진입한 한국 사회 전반에 노인 의료와 노인의학이 차지하는 중요성을 강조했다. 삶의 종착역, 즉 죽음을 향하는 마지막 여덟 정거장을 안정기, 악화기, 위기 발생기, 회복기, 죽음 서막 단계, 죽음 단계, 사망 애도기로 설명하며, 건강 노화는 건강, 가족, 일, 돈, 신앙과 봉사 포함 영혼, 인적 네트워크 포함 친교라는 여섯 가지 조화가 필요하다고 제안했다. 강의 후 질문하고 논의하고 토론을 통해서 강사 선생님과 참여자가 서로 비추어 배우는 시간과 공간을 마련하는 강좌였다.

다양한 사회적 이슈와 주제가 '인권'과 밀접하게 관계가 있으며, 그와 같은 이슈와 주제에 깊이 관심을 두고 연구하며 활동해 온 학자와 전문가와 활동가 목소리를 직접 듣는 일은 '인권 서로 배우기'가 주는 선물이다. 30명 내외로 모이는 소규모 강의는 강의를 맡은 선생님과 참여하는 시민 사이 거리를 아주 가깝게 만든다. 현장에서 들려준 목소리와 표정과 호흡을 모두 책에 담을 수 없지만, 강의 원고를 모아서 단행본으로 출간하게 된 것은 그나마 다행이다. 강의뿐만 아니라 강의 원고도 기꺼이 내어놓고 다른 사람과 공유하려는 강사 선생님 덕분에 이 책 출간이 가능했다. 고마움을 담아 인사를 전한다.

함께 비를 맞으며 다른 사람 고통에 응답하며 현장으로 찾아가 함께 살기를 제안하는 강의에 자발적이고 적극적으로 참여하는 시민이 있어서 든든하다. 지난 5년 동안 '인권 서로 배우기' 시간과 공간을 기대하고 기다리며 지지하고 응원해 준 모든 시민이 있어서 고맙다. 빛고을 광주에서 평화교육과 인권 교육 그리고 다문화 교육으로 함께 사는 세상을 꿈꾸며, 그 꿈을 실현할 수 있도록 응원하고, 지지하고, 후원해 준 단체회원과 개인 회원에게 진심으로 고마움을 전한다. 덕분에 강좌를 개설하고 책을 출간할 수 있다. 다시 고마운 인사를 전하며 평화를 빈다.

2023년 10월 14일
예술길에서 다문화평화교육연구소장 박흥순

# 상처는 어떻게 문학이 되는가

김이정·소설가

## 1. 나는 왜 작가가 되었는가

작가는 하고 싶은 말이 있는 사람이다. 우리나라 최초의 한글 소설『홍길동전』을 쓴 허균이 사형을 당하면서 마지막 내뱉은 말은 '할 말이 있다'였다. 할 말이 있다, 그것이야말로 사대부 선비 이전에 허균이 무엇보다 작가였다는 증거이기도 하다.

나는 작가이다. 써 놓고 보니 의문이 든다. 진정 너는 작가인가? 스스로 묻는다. 작가란 '할 말이 있는 사람'이란 정의에 한해서 나는 작가이다. 하고 싶은 말이 있어서 시작된 나의 글쓰기의 오랜 시간. 그 과정을 돌이켜 보는 것으로 내 글쓰기의 정체성을 탐구해보려 한다.

1975년 가을, 아버지가 갑자기 돌아가셨다. 나는 중학교 3학년이었다. 갑자기 뇌졸중으로 쓰러진 아버지는 일주일 만에, 아무 말도 남기지 못한 채 세상을 떠났다. 아버지가 돌아가시고 나자 원고지 한 뭉치가 남았다. '광복 30주년과 나'란 제목의 아버지가 쓰다만 자서전이었다. 그해 8월 15일 광복절에 우리 3남매를 앉혀놓고 시작한 아버지의 자서전은 시작한 지 불과 한 달 보름도 안 되었다. 갑자기 쓰러진 아버지의 원고는 청년기 초입에서 멈춘 채 이어지지 못했다.

아버지를 보내고 돌아온 집에서 아버지의 미완성 자서전 원고를 보면서 나는 막연한 예감에 사로잡혔다. 저 미완의 원고를 내가 완성하고 싶다고, 아니 내가 하게 될 것 같다고 느닷없는 예감에 사로잡혔다. 작가가 되어야겠다는 결심은 그 순간이었다. 그 원고를 쓰려면 어쨌든 글 쓰는 사람이 되어야 할 것 같았으므로. 나는 아버지의 미완 자서전을 꼭 내가 완성하겠다는 다짐을 했다.

그러나 나의 글쓰기는 오래 머뭇거리고 방치되었다. 글을 쓰고 싶다는 마음만 품었을 뿐 나는 어떤 글쓰기 속으로도 들어갈 수 있는 여건이 되지 않았다. 집안 형편으로 대학도 가지 못하고, 자격증 하나 없는 인문계 고등학교 졸업장으론 취직도 어려운 불안정한 20대 초반의 나는 갈팡질팡 방황만 하며 비틀댔다.

25세에 결국 대학에 들어갔다. 글쓰기를 위해 지원한 철학과였다. 글을 쓰기 위해선 철학적 기반이 필요하다는 막연한 생각 때문이었다. 그러나 대학 4년간 국어국문학과를 부전공으로 선택한 시간은 공부하고 있다는 만족감만 줬을 뿐 창작을 할 수 있는 용기는 보장하지 않았다. 다시 국어국

문학과 대학원에 진학했지만 크게 달라질 건 없었다. 무언가를 준비하고 있다는 충족감은 오히려 창작에 대한 불안과 두려움을 촉진했다.

　문학의 주변부만 맴돌던 내게 직접 글을 쓰게 한 계기는 출산이었다. 결혼과 출산을 하자 나는 갑자기 초조해지기 시작했다. 중학교 3학년 때 결심한 글쓰기를 영원히 하지 못한 채 내 인생이 끝나버릴지도 모른다는 초조함과 절박함이 몰려왔다. 나의 헌신을 기다리고 있는 작고 힘없은 갓난아이를 두고 엉뚱하게도 내 삶의 위기감이 몰려온 것이다. 글쓰기는 그저 나의 허영심이었는지도 몰라. 젖먹이를 두고 나는 갑자기 몰려온 위기감에 허둥대다가도 똑같은 크기로 다가오는 모성 결핍의 의구심에까지 시달려야 했다. 무엇보다 아이에게 미안했다.

　그러나 한번 몰려온 위기감은 쉽게 단념이 되지 않았고 때마침 신문에서 '한국문학학교' 광고를 발견했다. 그때 그 광고는 내게 구원 같았다. 한국 최초로 사설 문학 학교가 생겼다는 광고였다. 나는 마치 앞이 꽉 막힌 길이 뻥 뚫린 기분이었다. 나를 위해 준비된 곳 같았다. 다니던 대학원도 휴학하고 나는 그곳으로 갔다. 글쓰기를 가르친다는 그곳으로.

　하지만 그 역시도 쉽지 않았다. 강의는 창작보다는 문학 이론에 가까웠고 몇 번 들으니 개론 이상의 심도 있는 강의가 되지 못해 나는 곧 싫증을 냈다. 다시 여기도 아닌 모양이라며 그만두었으나 훗날 그곳에서 만난 친구가 나를 불렀다. 재미있는 강좌가 있으니 와 보라고. 소설가 송기원의 창작 실기반이었다. 그곳에서 비로소 나는 글쓰기를 시작할 수 있었다.

## 1) 상처에 대해서 쓰다

첫날, 작가 송기원은 말했다. 자기 안의 상처에 대해 써보라고. 상처라고 했다. 그 말을 듣는 순간 나는 눈이 번쩍 뜨였다. 맞아, 내가 쓰고 싶었던 것은 바로 내 안의 상처들이었어. 갑자기 글을 쓸 수 있을 것 같았다. 문학이라는 거창한 이름 앞에 주눅 든 글이 아니라 내 안에 곪고 곪은 상처들을 글로 드러내 보이는 것, 이건 할 수 있을 것 같았다. 나는 그날부터 그가 내준 숙제를 글로 썼다. 내 안의 오래된 상처들을 하나씩 끄집어내기 시작했다.

내 상처의 근원은 아버지였다. 한국 현대사의 소용돌이에 휘말려 온 집안이 풍비박산이 나고 자신마저 사상범이 되어 사회에서 유배되어 살아야 했던, 결국 이른 나이에 죽음마저 그 늪에서 익사해버린 나의 아버지. 그의 이야기로 시작하지 않으면 글쓰기는 내게 의미가 없는 일이었다. 나는 그의 이야기를 배경으로 80년대를 지나며 억눌린 내 모습을 뒤섞어 첫 단편소설「물 묻은 저녁 세상에 낮게 엎드려」를 썼다. 그리고 그 첫 소설로 등단했다. 1994년『문화일보』의 문예사계 공모였다.

첫 소설이 등단작이 되자 나는 더럭 겁이 났다. 습작품도 없이 덜컥 등단이 돼 버려서 뭘 어찌해야 할지 당황했지만, 그때부터 습작한다는 기분으로 소설을 한 편씩 써가기 시작했다. 나의 내면을 할퀸 상처들을 하나씩 꺼내 소설로 꿰었다. 물론 그렇다고 내가 쓴 소설들이 모두 나의 경험은 아니다. 경험이란 직접 경험과 간접 경험이 있으니 모두 내가 직접 경험한 것이라곤 할 수 없다. 그러나 어느 한 편도 내 마음을 싣지 않은 것이 없으니 그 소설들은 전부 내 이야기라 해도 무방하다. 내 삶의 곳곳에서 만났거나 나를 건드렸던 이야기들이기 때문이다.

소설을 쓰면서 신기한 경험을 하게 되었다. 내가 고통스러워했거나 마음의 상처가 깊이 난 이야기들은 소설로 쓰고 나니 신기하게도 나는 자유로워졌다. 때론 너무 고통스러웠던 일을 나는 자신을 눈앞에 놓고 떨어져 바라보는 '자기 객관화'를 끈질기게 했다. 자기 자신을 알기, 이것은 글을 쓰려는 작가의 첫 번째 선행작업인지도 모른다. 자기 자신도 모르면서 타인을 어찌 알 것이며 자신을 모르면서 인간에 대한 이해에 이를 수 있겠는가. 글을 쓰면서 나는 나 자신의 욕망과 모순, 위선과 허영심 따위를 다시 알게 되었다.

작가는 글을 쓰는 사람이기도 하지만 자신을 대상화해 바라보는 시선의, 두 개의 역할을 하는 존재라는 걸 비로소 깨달았다. 자신을 객관화한다는 게 무엇인지 글을 쓰면서 깨달은 셈이다. 자신을 거리 두고 바라보기, 말은 쉽지만 그게 간단치 않다는 걸 우린 일상에서도 무수히 경험한다. 왜냐하면, 어떻게든 자신을 미화시키고 싶은 욕망이 침투하기 때문이다. 누구든 자신을 좀 더 나은 사람으로 그려내고 싶은 욕망에 흔들리지 않을 도리가 없다. 나 역시 소설 속 인물을 통해 무수히 자신을 변명하고 미화했을 것이다. 그런데도 나는 그런 자신의 욕망을 경계하기 위해 애를 쓸 수밖에 없었다. 그 엄격한 거리가 무너지는 순간 소설은 추한 자기연민이나 자랑으로 끝나기 때문이었다. 소설을 위해서라도 나는 그 객관적 거리를 지켜야 했다.

14

당시 나의 화두는 '욕망'이었다. 욕망이라는 화두를 받게 된 것은 등단 전, 첫 소설을 쓰고 나서 당시 몇 사람이 함께하던 합평 모임에서였다. 국어국문과에 재학 중인 한 대학생이 내 소설엔 '욕망이 보이지 않는다'라고 했다. 욕망이라니, 너무나 생소했다. 나는 어려서부터 금욕과 절제야말로 미덕이고 인간은 선한 존재라는 근거 없는 낙관 속에서 자란 인식체계가 깊은 뿌리를 내리고 있었다. 그런 내게 '욕망이 보이지 않는다'라는 말은 도끼로 머리를 가르는 듯한 충격을 주었다. 욕망이 이렇게 긍정적으로 쓰일 수도 있다는 걸 새삼 깨달았다. 아니 나는 그제야 인간이 욕망의 존재라는 걸 겨우 깨달았다. 나 역시 인간이었다. 그런데 그때까지 나는 욕망을 터부시했다. 모든 욕망을 부정한 것으로 생각하는 이분법적 사고였다. 인간이란 욕망의 존재이며, 글쓰기 역시 자기의 언어를 표현하고 싶다는 내적 욕망의 산물일진대 나는 인간의 욕망이라는 본능에 대해 어이없게도 도덕적 판단을 했던 것이다. 당연히 나는 자신 안의 욕망도 가능하면 절제하는 게 미덕이라 생각한 단선적 인식을 하고 있었다. 아니 나는 아예 욕망이 없는 사람이라고 스스로 생각하고 있었는지도 모른다. 서른이 넘도록 나는 세상을 너무 단순화시켜 지나치게 엄격한 잣대로 인간을 바라보고 있었고, 자신에 대해 역시 큰 오해를 하고 있었다는 자각이 몰려왔다.

젊은 대학생의 말 한마디가 오랫동안 나의 화두가 되었다. 나는 욕망이 없는 인간인가? 아니 내 안의 욕망은 무엇일까? 나는 소설을 쓰면서 끝없이 모순된 자기 모습을 파헤쳤고 내 안에서 은폐되거나 봉쇄돼 있던 것들을 들춰내기 시작했다. 누구보다 나는 모순된 인간이었다. 그때까지 나는 '모든 일을 이것이 과연 옳은 일인가, 올바른 사람인가'하는 엄격한 잣대로 타인을 재단했고 자신 역시 마찬가지였다. 인간을 단선적으로만 볼 수밖에 없는 노릇이었다.

자신을 화두로 삼고 제대로 들여다보기 시작한 것은 그때부터였다. 욕망이 없는 인간이라고 생각한 내 안엔 무수한 욕망이 뒤엉켜 있거나 왜곡되거나 은폐돼 있었다. 그런 의미에서 나의 상처들은 왜곡된 욕망에서 아니 은폐된 욕망에서 출발한, 애초에 모순을 배태한 오류였다. 나는 소설들을 써가면서 내 안의 욕망과 모순을 하나씩 이해하기 시작했다. 그리고 그제야 알 수 있었다. 인간은 애초에 모순된 존재라는 걸.

이런 내 안의 모순과 인간에 대해 이해의 폭이 앞으로 조금씩 나아가면서 쓴 책들이 장편소설『길 위에서 중얼거리다』,『물속의 사막』과 소설집『도둑게』,『그 남자의 방』에 실려 있다.

그랬다, 글쓰기는 내게 일종의 구도 과정과 다르지 않았다. 소설을 통해 나는 내 안의 엄격함을 하나씩 깨기 시작했고, 또한 현실에서 조금씩 자유로워지는 것을 소설 속에서 구현하기도 했다. 어느덧 글쓰기는 내게 삶과 함께 가는 이인삼각 경기 같았다. 소설 속에서 자유로워진 만큼 나는 현실에서도 자유로워졌고, 현실에서 자유로워진 만큼 소설 속에서도 자유로운 상상력을 펼칠 수 있었다. 그런 의미에서 나는 소설 쓰길 정말 잘했다는 생각이 들기도 했다. 내가 조금이라도 성숙한 게 있다면 그것은 순전히 글쓰기를 통해서 얻은 것들 같았다. 글쓰기는 인간의 상처를 치유할 뿐 아니라 성숙시킨다는 걸 경험을 통해 얻게 된 것이다.

## 2) 역사의 상처 들여다보기

본격적인 아버지의 이야기는 쉽게 쓸 수 없었다. 애초에는 습작도 없이 작가가 되었으니 습작을 충분히 한 후 좀 더 자신감이 생기면 쓰기 위해 미뤘다. 그러나 시간이 갈수록 아버지의 이야기는 어깨만 짓누를 뿐 선뜻 시작조차 할 수 없었다. 겁이 나고 두려웠다. 아버지를 어떻게 볼 것인가. 내 개인의 아버지를 떠나서 한국 현대사 속에서 그를 어떻게 볼 것인가. 여러 생각이 몰려와 시작은 점점 멀어지고 있었다.

계기는 엉뚱한 곳에서 주어졌다. 당시 나는 개인적으로 몹시 위태로운 위기에 처하게 되었다. 남편의 사업이 파산하여 경제적 위기를 맞은, 내 삶의 전 과정을 통해 가장 어려운 상황이 돼 버렸다. 신기하게도 그 위기의 순간 절박하게 몰려온 것은 글쓰기였다. 나를 글 쓰는 사람이 되게 한 아버지의 이야기. 그걸 못 쓴 채 내 삶이 끝나버릴 수도 있다는 더 큰 위기감이 몰려왔다. 그 이야기를 쓰지 못하고 끝난다면 내 삶은 의미가 없을 것 같았다. 아니 내게 숙제처럼 남은 일을 하지 못한다면 내 인생은 직무 유기로 끝날 것 같았다.

처리해야 할 일이 산더미처럼 쌓인 그때, 나는 매일 도서관으로 출근했다. 그리고 아버지의 이야기를 조금씩 쓰기 시작했다. 특별한 일이 없는 한 매일 도서관으로 갔다. 도서관에서 빚쟁이들의 전화를 받으면서도 글을 썼다. 어떻게 써야 할지 막막하기만 하던 아버지 이야기는 조금씩 그림이 그려지기 시작했다.

나는 책상 앞에 '미화하지 말자'라고 써 붙여놓고 소설을 썼다. 내 아버지이기에 조금이라도 멋진 인간으로 그리고 싶은 마음이 매 순간 나를 유혹했다. 그때마다 매섭게 자신을 다그쳤다. 객관적 거리를 지키지 않으면 의미가 없다고. 4개월에 걸쳐 나는 아버지의 이야기를 장편소설로 완성했다. 아버지의 원고지 스물두 장짜리 자서전이 천 장이 넘는 장편소설이 되었다. 어쨌든 위기의 순간에 소설을 씀으로써 오랫동안 망설이던 숙제를 마친 셈이었다. 그런데 나는 위기의 순간에 숙제를 못 하고 끝날지도 모른다는 절박함으로 글을 쓰기 시작했는데 소설을 다 쓰고 보니 그 위태로운 순간에 쓰러지지 않고 버티게 해 준 것이 글쓰기였다는 걸 깨달았다. 글쓰기가 나의 구명보트였다고, 『유령의 시간』작가의 말에 썼다.

그때로부터 얼마나 지난 것인가? 계산기를 꺼내 숫자를 입력하니 1년도 에누리 없는 40이란 숫자가 나온다. 딱 40년이 되었다. 이 이야기를 쓰고 싶다고, 아니 쓰게 될 거라고 예감한 지 꼭 40년이 되었다. 그때까지 나는 한 번도 소설을 쓰고 싶다고 생각하지 않았지만, 그 순간 갑자기 그렇게 마음을 묶어 버렸고, 언젠가 이 이야기를 내가 쓰게 될 거라는 예감을 느닷없이 하기 시작했다.

그 후 나는 먼 길을 돌아 뒤늦게 소설을 쓰게 되었고, 한시도 그를 잊은 적 없지만 엄두는 나지 않았다. 어디서부터 어떻게 시작해야 할지 몰라 계속 미루고만 있었다. 졸음 같은 시간만 흘러갔다.

이 소설의 초고를 쓰기 시작한 것은 뜻밖에도 절명의 위기에 봉착해서였다. 갑자기 들이닥친 해일에 모두 속수무책 휩쓸려가고 있을 때, 나는 매일 도서관에 나가 조금씩 이 글을 쓰기 시작했다. 모든 걸 잃어버리고, 아니 그 위에 감당 못 할 바윗덩이를 짊어지고 나서야 나는 비로소 마음이 조급해지기 시작한 것이다. 어쩌면 이걸 못 쓴 채 내 삶이 끝날지도 모른다는 두려움이 몰려왔다. 지붕과 대들보가 날아가고 식구들은 제각각 불안과 공포에 휩싸여 갈팡질팡하는 사이 나는 그들을 외면한 채 이 글을 쓰고 있었다. 다 쓰고 나서야 나는 이 글이 내 구명보트였음을 깨달았다. 나의 두려움이 결국 나를 구한 셈이었다. 글 쓰기를 잘했다는, 모처럼의 포만감이 몰려왔다.

초고를 쓴 지도 꽤 여러 해가 지났다. 그동안 나는 가끔 부적처럼 이 글을 꺼내 보며 얼굴을 붉히거나 삐걱거리는 관절을 다잡곤 했다. 그렇게라도 하지 않으면 이 재灰의 시간을 견디기가 힘들었다.


## 2. 『유령의 시간』

유령의 시간은 나의 아버지가 보낸, 참혹한 시간이다. 이상주의자였던 아버지는 해방 후 사회주의자가 되었고 그로 인해 그의 삶은 격동의 현대사 속에서 수렁에 빠지게 된다. 평론가이며 영남대 독문학과 교수인 정지창은 문예지『사람의 문학』2023년 봄호에 실린 평론 "야만의 시대, '벌레의 시간'에 대한 증언"에서 『유령의 시간』에 대해 이렇게 소개한다.

『유령의 시간』은 김이섭과 그의 딸 지형의 눈과 입을 통해, 유령처럼 살아갈 수밖에 없었던 한 인간의 슬픔과 고통을 독자들에게 전해준다. 독립운동가인 숙부의 영향으로 일제강점기와 해방 후에 사회주의 운동을 계속한 이섭은

6·25전쟁 중에 월북한 다음 두고 온 가족이 그리워 다시 남쪽으로 내려온다. 그러나 아내와 삼 남매는 그를 찾아 북쪽으로 가고 없다. 집안 어른들의 권유로 이섭은 어린 과부와 재혼하여 자식 넷을 낳지만, 북으로 간 아내와 자식들에 대한 그리움은 커져만 간다. 심지어는 자식들이 고무보트를 타고 간첩으로라도 넘어와 만날 수 있기를 바라며 바닷가를 서성이기도 한다.

김일성은 싫지만 여전히 사회주의는 옳다고 믿는 이섭은 빨갱이 전과자라는 낙인이 찍혀 남한에서 온전한 인간으로 살아갈 수 없다. 그는 제주도에서 말을 사육하다가 충청도 서해안에서 새우 양식을 하기도 하고, 서울로 올라와 가구 외판원과 월부책 장사까지 온갖 허드렛일을 하며 생존을 위해 발버둥을 치지만 가족은 물론이고 친척들까지 연좌제의 덫에 걸린 금치산자로 유령처럼 살아가야 한다.

1972년 7·4공동성명을 통해 평화통일의 전망을 제시했던 독재자 박정희가 곧바로 유신이라는 이름의 절대왕정을 선포하고 1975년 사회안전법을 만들어 이미 형을 치른 사상범들을 다시 잡아 가두려고 하자 이섭은 충격을 받고 쓰러진다. 지형은 아버지가 쓰다 만 자서전을 언젠가는 자기 손으로 마저 쓰겠다고 다짐한다. 그 후 그녀는 남북 작가 회담 교류단에 끼어 북한을 방문하지만, 평양에 살고 있다는 이복형제들과 큰어머니는 만날 수 없다.

『유령의 시간』은 전지전능한 화자(즉 작가)가 천상에서 인간 세상을 굽어보며 시간 순서대로 이야기를 풀어나가는 종래의 소설과는 다른 구조를 지니고 있다. 이섭과 그의 딸인 지형의 시점이 번갈아 바뀌며 이야기가 전개되는 것이다. 독자는 이런 화자와 시점의 변화를 통해 좀 더 입체적으로 사건과 인물의 은밀한 속내를 파악할 수 있게 된다. 어찌 보면 이 소설은 김이섭이라는 유령 같은 인물의 살아온 흔적들을 그의 딸인 지형이 조금씩 찾아내고 꿰맞추어 마침내 그 전모를 파악하게 되는 일종의 추리소설 비슷하다. 작가는 이섭의 파란만장한 삶을 시간의 흐름에 따라 설명할 경우, 자칫 이력서나 진술서처럼 건조하고 밋밋한 사실의 나열이 될 것을 우려하여, 이런 서사 전략과 장치를 사용했을 것이다.

이 소설의 또 다른 장점은 여성의 시점으로 이섭의 삶을 조명함으로써 분단의 모순과 비극성이 더욱 뚜렷하게 두드러진다는 사실이다. 지금까지 분단문학은 대체로 남성 작가들의 전유물이었다. 이제는 한국 문학사의 분단문학 장章에 이호철, 최인훈, 이문구, 조정래, 김원일, 김성동 등 남성 작가들과 함께 박완서, 김이정, 정지아 등 여성 작가들의 이름을 추가해야 할 때가 되었다. 전쟁과 분단의 고통이 어떻게 민초들의 삶에 무겁고 깊은 상처를 남기는지, 그리고 이것을 어떻게 극복하고 견뎌내는지를 여성 작가들은 더욱 섬세하고 다양하고 입체적인 시각으로 형상화하고 있다. (정지창, "야만의 시대, '벌레의 시간'에 대한 증언" 중)


『유령의 시간』을 통해 내가 드러내 보이고 싶었던 것 역시 상처였다. 다만 그 상처는 단순히 이섭이라는 한 개인만의 상처가 아니라 그의 상처와 더불어 분단이라는 우리 민족의 역사적 상처를 드러내 보이고 싶었다. 세계 유일의 분단국으로서 아직도 대립과 갈등에서 벗어나지 못했을 뿐만 아니라 때론 더 심화하고 강고해지는 이념 대립 역시 우리 역사가 남긴 깊은 상처가 아니던가.

이섭은 누구보다 인간을 사랑한 이상주의자이자 휴머니스트였다. 그러나 이섭은 자신이 선택한 이념으로 인해 가족을 모두 잃었다. 첫 아내에게서 낳은 자기 아들들과 아내와 갓 태어난 딸까지 모두 잃었고 형제는 물론 부모마저 그 여파로 떠나보냈다. 그는 더할 수 없이 혹독한 대가를 치른 후 잃어버린 가족들을 평생 그리워하며 살았다. 아니 기다렸다. 이섭은 매일 새벽마다 바닷가 새우양식장에서 서해안의 바닷가까지 가서 혹시 간첩으로라도 올지 모를 아들들을 기다렸다. 다음은 이섭이 그의 아들들을 기다리는 장면이다.

이섭은 가벼운 옷차림으로 집을 나섰다. 동이 트기 전의 푸른 어둠이 양식장은 물론 갯벌 너머 모래사장까지 촘촘한 그물처럼 드리워져 있었다. 몸이 습관처럼 바짝 긴장했다. 늘어져 있던 근육과 핏줄들이 일제히 팽팽해졌다. 엷은 막이 씌워진 듯 흐릿하던 눈도 잘 닦은 안경알처럼 투명해졌다. 이섭은 오늘도 어둠이 가시기 전에 바다 구석구석을 살필 준비가 되어 있었다. 천천히 몸을 조율하며 양식장 둑길을 가로지르기 시작했다.

흰 둑길이 광목필처럼 길게 펼쳐져 있었다. 무언가를 숨기기에는 지나치게 휜한 공간이었다. 이섭은 둑길을 가운데 두고 양쪽으로 가파르게 내려간 경사면을 촘촘히 살피기 시작했다.

지난해 늦장마에 한쪽이 움푹 파여 허물어진 오른쪽 경사면 앞에서 걸음을 멈췄다. 함몰된 구멍 속에는 황토가 섞인 흰 모래흙과 회백색 자갈들, 그리고 반쯤 뿌리 뽑힌 달맞이꽃 외에는 아무것도 보이지 않았다. 아니 짙푸른 어둠이 똬리를 틀고 앉아 음험한 낯빛으로 이섭을 바라보고 있었다. 이섭은 허물어진 둑보다 더 깊이, 순식간에 무너져버렸다. 희망은 오늘도 조롱당하고 말

았다. (『유령의 시간』, 30~31쪽)


수문과 나란히 철판을 잇대어놓은 철교 소리가 오늘따라 요란했다. 아이들처럼 구멍이 뻥뻥 뚫린 철판 사이로 보이는 시퍼런 물이 무서워 뛰어가는 것도 아닌데 몸을 받아내는 철판의 울림이 유난히 컸다. 챙챙챙. 호지의 물고기들을 다 깨울 만큼 울리는 큰 소리가 이섭을 안도케 했다. 이 박명의 세상 한구석에서 누군가 두려움에 떨고 있다면 충분히 경계를 할 만큼 큰 소리였다.

어쩌다 비가 오거나 해무가 가득 낀 날이면 이섭은 철교를 건널 때마다 발을 쿵쿵 굴러 일부러 더 큰 소리를 내곤 했다. 밤새 지친 몸으로 설핏 든 잠을 깨울 만큼 큰 소리였다.

절에서 법고를 두드리고 종과 목어와 운판을 치듯 이섭은 박명의 새벽마다 철교를 지나며 발소리로 잠든 삼라만상을 깨우곤 했다. 쿵쿵쿵. 이섭의 발은 쇠가죽을 두드리는 북채처럼 장엄하게, 나무물고기를 때리는 목어채처럼 간절하게 철판을 두들겼다.

이 세상 모든 잠든 것들아, 어서 깨어나 나를 보아라.

이섭의 간절한 발소리가 새벽 해안을 울렸다. 수문 앞에 모여 있던 학꽁치 떼가 혼비백산하여 뿔뿔이 흩어졌다.


바람에 실려 온 모래알들이 언덕을 이룬 사구엔 해당화가 만발해 있었다. 날카로운 가시에 비해 선홍색 꽃잎은 지나치게 연하고 부주의하게 풀어져 있었다. 꽃이 무방비 상태이기 때문에 날카로운 가시가 필요했던 걸까. 풍만한 여인의 속살처럼 부드러운 사구에 저토록 날카로운 가시를 가진 꽃이 있다는 건 늘 신비였다. 사구 위를 질기게 뻗어나가는 좀보리사초와 연보랏빛 갯메꽃, 하필이면 이 백사장까지 날아와 소금기에 절어 대까지 빨간 달맞이꽃들 사이에서도 해당화는 단연 눈에 띄었다. 흰 모래언덕에서 붉디붉은 꽃을 피우고 끝내 푸른 열매를 빨갛게 물들이며 생을 거듭해가는 해당화를 보고 있으면 이섭은 저도 모르게 목이 바싹바싹 말랐다.

오늘도 흰 사구엔 낯선 발자국 하나 보이지 않았다. 해 저물도록 모래언덕을 숨차게 뛰어다닌 아이들의 발자국은 하룻밤만 지나면 바다 저편에서 불어온 바람과 그 바람에 실려 온 모래에 덮여 희미해져 버렸다. 썰물이 지면 동네 아낙들이 물 빠진 모랫벌에 늘어서서 그레를 끌며 백합을 캐러 오가는 길에 푹 파인 맨발의 발자국을 여기저기 남기곤 했지만 그들이 다니는 길이란 항상 동네로 가는 지름길인 언덕 옆 모퉁이였다. 여자들의 발자국은 늘 한 사람인 듯 똑같이 맨발이었고 모래언덕을 지나서야 비로소 조개가 든 망태에서 검은 고무신들을 꺼내 신거나 내처 집까지 맨발인 채로 돌아가곤 했기 때문에 절대 낯선 발자국을 남기지 않았다.

그래도 혹시나 하는 마음에 사구에 찍힌 발자국들을 하나하나 살피며 천천히 걸음을 옮겼다. 방금 전에 날아갔는지 선명한 갈매기 발자국 둘이 흰 모래 위에 고스란히 남겨져 있었다. 아무 흔적도 없는 것보다는 그나마 반가웠다. 사구 언덕에 서서 텅 빈 해안을 두리번거렸다. 동이 트는 동쪽 하늘이 붉은 피를 언뜻언뜻 내비치며 산통을 시작하고 있었다. 바람 한 점 없는 해안은 입을 틀어막기라도 한 듯 고요했다. 누군가 바다로의 잠행을 계획했다면 더없이 좋을 새벽이었다.

그러나 낯선 기척은 어디서도 감지되지 않았다. 해안선 왼편 멀리 낫물부터 오른쪽 검은 바위들이 파도와 맞서고 있는 독산 마을 끝까지, 낯선 그림자라 곤 노루 꼬리만큼도 보이지 않았다. 해안은 작은 게 한 마리 살고 있지 않을 것처럼 적막하기만 했다. 고무보트는커녕 낯선 판자 조각 하나 보이지 않았다. 설혹 누군가 모래언덕에 구덩이를 파고 꼭꼭 숨어 있다고 해도 온몸에 곤두선 이섭의 촉수로 금세 알아차릴 것만 같은 그 기척은 끝내 어디서도 감지되지 않았다. 집을 나올 때부터 팽팽히 부풀어 올랐던 기대가 일시에 무너져 버렸다.

이섭은 매일 아침 모래 기둥처럼 허물어져 내리면서도 끈질기게 누군가를 기다리고 있었다.

"이젠 그만 기다려요."

미자는 아침마다 지친 몸으로 돌아오는 이섭을 볼 때마다 복잡한 표정이 되었다. 연민과 안타까움, 피로가 뒤범벅이 된 미자의 얼굴엔 간혹 분노마저 슬며시 비쳤다.

이섭 역시 모르지 않았다. 자신의 기다림이 쉽게 이루어지지 않으리란 걸, 아니 어쩌면 끝내 기다림만으로 끝날 수도 있다는 것을. 하지만 이섭은 절대로 포기할 수 없었다. 지난해에도 멀지 않은 곳에서 어둠을 틈타 고무보트를 타고 해안으로 침투한 간첩 사건이 있었다.

그날 이섭은 신문에 난 그들의 얼굴을 하루 종일 들여다보았다. 사십 대 초반의 사내 하나와 이십 대 중반쯤 돼 보이는 청년이었다. 아무리 봐도 낯선 얼굴들이었다.

하지만 그 사진이야말로 이섭의 기다림이 얼마든지 현실이 될 수 있다는 명백한 증거였다. 하여 이섭은 오늘도 기다렸다. 어느 날 홀연히 고무보트라도

타고 올지 모를 그들을. (『유령의 시간』, 33~35쪽)

　이섭의 이 간절한 기다림은 단지 그의 것만은 아닐 것이다. 아직도 북에
두고 온 고향에 가지 못하고 가족의 생사조차 모르는 많은 실향민들, 그리
고 이섭처럼 당당히 이산가족이라고 말조차 할 수 없는 사람들이 이 땅의
도처에서 서로를 그리워하고 있지 않은가. 아니 꼭 이산가족만의 문제인
가. 애초에 하나의 민족이었던 사람들이 외세에 의한 분단을 맞이하여 갈
라진 채 아직도 갈등을 겪고 있는 이 땅이야말로 상처투성이가 아닌가.
나는 이섭이란 인물을 통해 또 다른 분단은 물론 이 분단을 이용하는 모든
세력에게 소리라도 지르고 싶었다. 소설의 마지막, 에필로그에서 이섭의
두 번째 부인에게서 낳은 딸 지형이 남북 작가 회담의 일원으로 간 북한의
고려호텔에서 이복오빠가 산다고 들었지만, 도무지 방향조차 알 수 없는
아파트 숲을 향해 소리를 지르는 장면은 그런 은유였다.
　나의 상처는『유령의 시간』에 이르러선 사회 역사적 의미를 강력하게
드러내기 시작했다.


## 3.『네 눈물을 믿지 마』

　『유령의 시간』은 내 소설 쓰기의 분기점이 되었다. 그전에도 사회 역사
적 주제를 소설로 쓰지 않은 것은 아니지만 이후 내 관심사는 더 확장하고
심화하였다. 전쟁이나 분단, 혹은 경제적 파산을 맞은 인물을 통해 좀 더

사회 구조적인 폭력에 희생된 개인들에게 관심을 집중했다. 그것은 자연스럽고도 필연적인 귀결이었다. 애초에 내가 글을 쓰기 시작한 지점에 어쩌면 나는 너무 늦게 온 것인지도 몰랐다. 세 번째 소설집 『네 눈물을 믿지 마』는 그런 변화를 고스란히 담고 있다.

## 1) 베트남전쟁 시기 한국군에 의한 민간인 학살

『네 눈물을 믿지 마』에서 베트남전쟁 시 한국군에 의한 민간인 학살을 다룬 소설은 두 편이다. 「하미 연꽃」과 「퐁니」가 그것인데 「하미 연꽃」은 하미 마을, 「퐁니」는 이른바 퐁니퐁넛 사건을 다룬다. 지금 베트남의 대표적인 여행지인 다낭은 베트남의 중간 지점으로 베트남전쟁 시 치열한 전투지역이었고 한국군의 참전이 집중되었던 곳이기도 하다. 그곳에서 미군의 용병으로 참전한 한국군은 본의 아니게 참혹한 민간인 학살을 저질렀다.

두 소설은 재현의 방식으로 쓰였다. 전쟁 당시의 시점으로 재현했는데 그것은 무엇보다 한국인이 이 사건들을 잘 모르고 있다는 인식에서 출발한다. 나는 제법 안다고 생각했는데 막상 현장에 가서 본 상황은 훨씬 참혹했다. 희생자의 대부분은 여자와 아이들, 그리고 노인들이었다. 하미 마을엔 그해에 태어나 미처 이름도 받지 못한 신생아가 네 명이나 있었다. 인간이란 게 이토록 잔인할 수 있는가, 그것도 그들이 나의 동족이란 게 큰 충격을 주었다. 아니 무엇보다 큰 충격은 우리가 가해자가 되었다는 사실이었다. 늘 피해만 봐왔다고 배운 내게 그 사건들은 씻을 수 없는 상처였다. 나는 말로 할 수 없는 미안함과 사과를 결국 소설로 쓰자고 생각했다.

하미 마을은 세 명의 화자가 나온다. '호아'는 피해 당사자인 베트남 여인이다. 며칠 전까지도 친하게 지냈던 한국군이 어느 날 갑자기 총을 들고 마을 사람들을 공터에 모은 후 집단사격을 한다. 남편을 남베트남군으로 전쟁에 보낸 호아는 죽어가면서 묻는다. 도대체 왜, 한국군은 우리를 쏜 걸까. '서 하사'는 가해자인 한국군이다. 서울의 달동네에 딸과 아내를 두고 온, 돈을 벌어 연탄 가스가 새지 않는 방으로 이사 가고 싶다는 소박한 희망을 품고 온 병사이다. 그는 마을 사람들을 향해 총을 쏘라는, 자신에게 떨어진 명령에 어쩔 수 없이 총을 겨누지만, 총알은 빗나간다. 그러나 마지막 장면에서 그는 결국 베트남 주민을 향해 총을 쏘는데 그들이 동료에게 더는 모욕당하는 걸 볼 수 없어서였다. 그러나 그는 귀국 후 죄책감에 결국 정신병원에 갇히고 만다.

마지막 화자 '광희'는 서 하사의 딸이다. 한국에 와서 공부한 베트남 친구 메이를 따라 하미 마을에 온 그녀는 하미 마을의 참혹한 학살 사실을 묘사한 비문이 붉은 연꽃 그림으로 덮인 사실을 알게 된다. 진실을 가린 연꽃은 기괴하고 참담하기만 하다. 그때까지도 자신의 아버지가 베트남 참전 군인이었다는 사실을 메이에게 고백하지 못한 광희는 그제야 친구에게 할 말이 있다고 입을 뗀다.

단편소설에 세 명의 화자를 설정한 것은 피해자와 가해자, 그리고 현재의 인물 광희로 하여금 아직도 사과하지 않고 있는 우리의 현실을 보여주고 싶었다.

「퐁니」역시 하미 마을과 멀지 않은 다낭 근처의 피해 마을이다. 그곳 이야기 역시 나는 학살의 그날을 실존하는 피해자인 탄의 시선으로 재현하였다. 한국군에 의해 온 가족을 잃고 오빠와 단둘만 살아남은 여자아이 탄. 그녀 역시 총에 복부를 맞아 밖으로 흘러내린 창자를 움켜쥐고 기어가 겨우 살아남았다. 소설의 에필로그에 작가인 나는 동갑내기인 탄을 만나 어깨동무를 하고 위령비가 있는 논둑길을 걷다가 흘러내린 손바닥이 그녀의 복부에 남은 상처를 만지게 된다. 민간인 학살이 과거의 일이 아니라 흉터가 여전히 선명한 현재의 상처임을 보여 주는 장면이다. 우리는 아직도 그들에게 사과하지 않았다. 진정한 사과만이 용서받을 수 있다는 걸 우리는 한일관계를 통해서도 누구보다 잘 알고 있지 않은가, 하는 질문을 환기하고자 했다.

## 2) 자본주의의 그늘, 파산

『네 눈물을 믿지 마』의 또 하나의 주제는 경제적 파산에 이른 인물이 겪는 참혹한 상황들 속에서 어떻게 인간으로서 존엄을 지킬 수 있는가, 하는 질문이다. 자본주의 사회에서 파산이란 금치산자가 되는 것과 다름없다. 그런 의미에서 파산자가 처한 상황은 개인적으론 전쟁에 버금가는 상황과 마찬가지이다. 생과 사의 갈림길에 서게 되는 위태로운 상황에 부닥친 그들의 모습을 보여 주는 소설은 「프리페이드 라이프」, 「믿지 마, 네 눈물은 누군가의 투신일지도 몰라」, 「노 파사란」이란 단편에서 드러나고 있다.

「프리페이드 라이프」에서 드러나는 작가의 분신인 화자의 목소리를 통해 그 고단한 삶이 묘사된다.

> 소설을 쓰는 게 사치스럽게 느껴졌다.
>
> 그러나 목뼈와 허리가 내려앉고 팔과 손에는 통증이 가시지 않았지만 빚은 좀처럼 줄어들지 않았다. 엄마와 아이의 생활비를 버는 것만으로도 벅찼다. (……) 팔순 노모는 백화점 화장실에서 휴지를 잔뜩 뜯어서 가방에 넣어 오고, 아들은 식당 주방에서 설거지로 손이 퉁퉁 불어서 돌아왔다. 연체고지서가 쌓여가고 얼굴은 점점 굳어졌다. 그날 082번 버스의 룸미러에 비친 내 얼굴은 피로와 지친 기색만 역력할 뿐 자부심이라곤 그 어디서도 찾아볼 수 없었다. 낭떠러지를 건너는 자의 긴장감조차 보이지 않았다. 살아 있는 사람의 얼굴이라기엔 어떤 욕망도 남아 있지 않았다. (『네 눈물을 믿지 마』, 31쪽)

이 장면에 대해 평론가 정홍수는 "이럴 때 사실의 진정성authenticity 은 소설의 수사학과 문법을 '사치스럽게' 만드는 것 같기도 하다"고 말했다. 그리하여 "그 실제 현실을 넘어서고 다르게 비추는(때로는 현실을 새롭게 구성하는) 제3의 차원이 열리게 마련이며, 여기에 '사치'를 모르는 소설의 존재 의의가 있다는 점은 당연하면서도 새삼 강조될 필요가 있을지도 모른다"라고 했다.

그리고 소설의 인물을 둘러싸고 있는 구체적이고 실존적인 한기寒氣로부터 우리에게 건너오는 「꽃불」(『네 눈물을 믿지 마』, 33쪽)의 온기가 있어 삶의 가능성을 엿본다.

그 밖에도 건강을 잃어 죽음의 경계에 있거나(「압생트를 좋아하는 여자」), 이미 가족을 잃은 인물들(「죄 없는 사람들의 도시」)도 위태롭긴 다르지 않다.

### 3) 여행과 울음

『네 눈물을 믿지 마』여덟 편의 수록작 중 한 편만 빼곤 모두 외국이라는 공간이 소설의 배경으로 나온다. 인도의 바라나시와 벵갈루루, 베트남의 하미 마을과 퐁니 마을, 포르투갈의 리스본, 스페인의 게르니카, 영국의 다트무어 등의 장소들은 때론 전쟁의 배경으로, 대지진이나 학살 혹은 황량한 고원이나 죽음과 삶이 공존하는 상징적 공간이다.

왜 하필이면 외국인가? 외국이란 낯선 공간이 주는 효과는 일단 새로움과 거리감이다. 낯선 공간에서 느끼는 새로운 공기는 우리가 익숙한 공간에서 인물과 사건을 새롭게 환기하는 역할을 한다.

왜 하필이면 폐허이고 전쟁터인가? 소설 속 인물은 한결같이 멋진 이국의 풍경이나 화려한 거리가 아니라 폐허나 전쟁터, 혹은 죽음의 공간이나 대지진의 흔적이 남아있는 곳만 찾아다닌다. 소설 속 인물의 상처는 그 낯선 폐허 속에서 결국 자신의 상처 난 모습을 발견한다. 그리고 그 모습을 외면하지 않고 속속들이 헤집어봄으로써 스스로 치유에 이르는, 일종의 순환구조를 이룬다. 소설 속 인물은 낯선 곳에서 끊임없이 자신에게 묻는다. '나는 왜 여기에 왔는가?', '나는 무얼 찾아 이곳으로 왔는가?', '도대체 왜?'

낯선 외국은 그곳의 풍경을 배경으로 자기 자신을 바라보기라는 거리 감 확보에 유용한 설정이 된다. 힘들고 외롭고 고통스러웠던 자신들의 모 습을 멀리서, 거리를 두고 바라보거나 울음을 통해 일종의 자신만의 제 의를 지낸다. 그렇다, 이 소설집에서 '울음'은 중요한 모티브이다. 인물은 울음을 통해 상처 난 자신을 만나기도 하고 고통스러운 현실에 갇힌 자신 을 넘어서기도 한다. 「노 파사란」의 마지막 장면은 게르니카에서 만난 여 자가 소설 속 화자에게 '넌 울 곳이 필요했구나'라고 한다. 무엇보다 소설 에서 외국이란 공간은 여자에게 '울 수 있는 공간'이다. 자신을 아는 사람 이 하나도 없는 곳에서 인물은 혼자 운다. 마치 울기 위해 거기까지 간 사람 처럼. 그런 의미에서 이국의 공간은 소설 속 주인공에겐 일종의 '호곡장'이 다. 오래전, 연암 박지원이 두만강을 건너 만주 벌판에 이르러 '참 울기 좋은 곳이구나' 했듯 소설 속 인물은 울기 좋은 곳을 본능적으로 찾아간 것인지도 모른다.


## 4. 상처는 힘이다.

상처는 힘이다. 써놓고 보니 누군가에게는 이 말이 폭력적으로 보일지 도 몰라 망설여진다. 물론 모든 상처가 힘이 되진 않는다. 때론 자신이 감 당할 수 없을 만큼의 상처로 인해 누군가는 쓰러지고 끝내 다시 일어서지 못한 채 파국을 맞기도 한다. 아니 그런 경우가 더 많을 것이다.

하지만 난 글을 쓰는 사람에겐 상처가 힘이 된다고 믿는다. 최소한 그 또는 그녀에게 상처를 정직하게 바라보고 맞설 용기가 있다면 말이다. 자신의 상처를 진실하게 드러내 보인다면 글은 단순히 상처의 전시가 아니라 '응시'이며 '통찰'의 지위를 얻는다. 스스로 치유를 불러온다. 그것이야말로 글쓰기가 가진 힘이다. 하여 작가는 상처를 자기 피와 근육으로 만들지 못한다면 글을 쓸 수 없을지도 모른다. 글을 써도 자신을 위로하는 글은 쓰지 못할지도. 자신을 위무하지 못하는 글이 타인을 위로할 수 있을까?

무엇보다 나는 자신을 위해 글을 쓴다. 그리고 난 후 나를 위로했던 글이 세상의 누군가에게 가 닿길 소망한다. 가끔 소설을 읽고 울었다거나 슬펐다는 사람을 만나기도 한다. 그 순간의 떨림을 설명하기란 쉽지 않다. 현실적 보상이란 측면에선 어느 분야보다 열악하지만, 그 만족감은 세상 그 어느 것보다 충만하기 때문이다. 나는 내가 써 온 소설만큼 느리게, 조금씩 성장해왔다. 소설 쓰면서 얻은 예상치 못한, 최고의 선물이다.

# 전두환 보안사령관, 언론 병기로 광주 인권 학살

나의 갑·광주전남언론인협회 회장

'사람이 먼저다.' 말은 짧으나 그 속에 담긴 '인권人權, human rights'은 길고 넓다. 슬며시, 그 말을 머금으면 상쾌한 바람 소리가 난다. 세상의 모든 권리 위에 있는 것이 인권이다. 언론은 인권을 품는 둥지여야 하며, 새로운 인권의 발명가이자 옹호자로 서야 한다. 1980년 5·18에 언론은 고약한 바깥바람에 흔들려, 광주를 '폭동'으로 쏘았다. 그것은 전두환 국군 보안사령관을 향한 헌정이었다. 남루한 자기 반란의 수렁에서 끝내 자기 의지의 '글', 혹은 '말'을 건져내지 못한 것이다.

이 글은 5·18이란 시간 속에서 고장 난 광주 인권의 관찰이면서, 광주 인권을 때린 전두환의 언론공작에 포커스를 둔다. 인권은 거대한 피를 흘렸고, 광주는 인권의 가치를 피로써 지켜냈다. 3대 5·18정신은 민주, 평화와 함께 인권이 들어간다.

## 1. 무엇이 인권이 되는가

'인간으로서 당연히 가지는 기본적 권리'. 국립국어원 표준국어대사전의 '인권' 뜻풀이다. 살을 좀 붙이면, '인권'은 '사람이 개인 또는 나라의 구성원으로서 마땅히 누리고 행사하는 기본적인 자유와 권리'쯤 될 것이다.

지금 우리가 누리는 인권 개념은 어디서 온 것일까. 가만히 앉아 있는데 '사람들아, 너희는 이거나 먹고 살아라'하고 하늘이 거저 내준 건 아닐 테고, 성자 같은 권력이 선심이라도 쓰듯 시혜라도 베풀 듯 분양한 것이 아니라면, 인권의 뿌리는 저항에 닿아 있다. 인권에 목마른 사람들이, 인권을 손안에 쥐고 멋대로 써먹는 '인권 사용자'와 다툼 끝에 따낸 것이기에 그렇다. 인권이 '대가적代價的 권리'라 함은 인권의 중심에 피 흘림이 놓여 있는 까닭이다.

세계 역사에서 전근대와 근현대를 가르는 주요 분수령이 인권이다. 전근대에는 아무렇지 않게 넘어간 일일지라도, 또는 지극히 마땅한 일일지라도 근현대에 이르러서는 법의 질서 속으로 편입되고 있다. 인권의 영토가 넓어지고 인권이 빠르게 진화하는 것이다.

인권에 관한 기본 틀은 근대 시민혁명을 통해 잡혔다. 인간과 시민을 권리의 주체인 인격으로 인정해 모든 인간의 이름으로 인권을 선언, 제도화한 것은 근대 시민사회가 길어 올린 빛나는 진보다. 1789년 프랑스혁명이 그 전형이며, 그 혁명은 '인간은 나면서부터 자유로우며 평등한 권리를 지닌다'라는 프랑스 인권선언을 나았다. 역사는 프랑스혁명의 가장 큰 성취로 그 선언을 꼽는다.

바이마르헌법이 1919년 세계 최초로 인권을 헌법에 올렸고, 세계대전이란 큰 싸움을 두 번 거치면서 인권에 관한 생각이 세계적으로 확산하였다. UN 총회에서 세계인권선언을 채택한 건 1948년 12월 10일이었다. 모든 인민과 모든 국가가 달성해야 할 공통의 기준, 즉 보편적 권리인 그 선언은 세계가 자유와 평등을 추구하고 정의를 유지하기 위해서는 인간의 존엄성이 인간 삶의 바탕이 되어야 한다고 강조한다.

위에서 서술한 대강의 세계인권선언으로는 인권의 구체적 생김새가 잘 그려지지 않을 것이다. 무엇이 인권이 되는가에 관한 '나무위키'의 대답은 명쾌하고 일목요연이다. '위키'는 생명권, 자유권, 평등권, 생존권으로 나눠 인권을 대답한다.

[생명권]

생명의 가치를 존중받을 권리로, 가장 중요한 권리이자 출생 그 순간부터 모든 인간이 완전히 갖게 되는 권리다. 따라서 살인, 폭행(성폭력), 음주운전, 안전불감증, 안보불감증 등은 이 생명권을 어기는 대표적 사례가 된다.

[자유권]

인간은 다른 누구에게 간섭받지 않고 자유롭게 행동할 수 있는 자유가 있다. 종교의 자유, 신체의 자유(법률에 따르지 않고는 체포, 구금, 심문, 처벌 등 신체적 구속당하지 않는 자유), 언론의 자유(표현의 자유) 등이 포함된다. 고문 또는 잔혹하거나 비인도적이거나 굴욕적인 처우 또한 받지 않을 자유가 있다는 것이다. 징역형 등 자유형自由刑에서는 형법을 통해 이 자유권이 제한된다.

[평등권]

모든 사람은 평등하다. 정치적 견해, 성별, 인종과 민족, 나이, 종교, 출신 국가 및 지역, 신체, 사회적 신분, 성적 지향, 성별 정체성, 신체조건, 정신적 혹은 신체적 장애 여부 등에 상관없이 평등하다.

물론 법적으로는 많은 제한이 따른다. 성인물에 대해서는 대한민국 민법에서의 미성년자이기 때문에 제한하는 것이며, 이런 특수한 목적의 경우에 법적으로 공인된 차별이 존재할 수 있다.

주의할 것은 평등권의 평등은 절대적 평등을 말하는 것이 아니라는 것이다. 합리적 이유가 있으면 차별을 인정하는 상대적 평등을 말한다. 왜냐하면, 같은 것은 같게, 다른 것은 다르게 취급하는, 즉 모두에게 그 자신의 합당한 몫이 돌아가도록 하는 것 또한 정의의 내용 가운데 하나이기 때문이다. 이렇게 되면 평등권의 문제는 차별대우하는 사유가 과연 합리적인 것이냐의 문제로 귀결한다.

[생존권]

'사회권'이란 별칭이 붙은 생존권은 사람이 사람답게 살 권리가 있다는 것을 말한다. 본질적으로 생존권이란 것은 의식주를 최소한 누리게 하는 것으로서, 현대 사회보장제도의 기초가 되는 권리다. 실제로 많은 기초생활수급자가 의료비 지원, 식료품비 지원을 받고 있으며, 일반인이 일반적 소득을 얻을 때도 국민건강보험이라는 이름 아래 병원비와 약값이 지원된다. 예를 들어, 분배의 문제로 발생하는 기아는 중요한 생존권 문제에 속한다.

## 2. 전두환의 반란군에 광주 인권 5,801명 파괴되었다

5·18 당시 광주 인권은 생명권, 자유권에서 몹시 사나운 폭력을 당했다. 5·18 기간 중 모두 5,801명의 인권이 죽거나 다치고, 연행되거나 구금되었으며, 실종되기도 했다. 연행된 이들은 거친 고문을 몸으로 기억 중이다.

2018년 10월 10일 현재 기준으로 기간 중 사망자 155명, 행방불명 인정자 84명, 부상 후 사망자 113명, 연행 구금 부상자 1,217명, 연행 구금자 1,610명, 재분류 및 기타 118명이다.

5·18진상규명조사위원회에서 조사 중인 계엄군의 성폭행 피해 신고는 46건에 이른다. 이들 중 성폭행을 당한 뒤 출산한 피해자도 있는 것으로 확인되었다. 5·18조사위는 5·18을 유혈로 진압한 뒤 대한민국을 탈취한 전두환·노태우 정권이 5·18 피해자를 강제 징집하고 삼청교육대에 입소시키는 등 지속적으로 인권탄압을 한 사실이 확인된다고 2022년 5월 12일 밝히기도 했다.

## 3. 언론의 '폭동' 보도로 광주 인권 집단모독

### -전두환의 보안사, 보도 검열단에 끼어들어 수장 노릇

10·26 사건으로 제주도를 제외한 전국에 비상계엄이 선포되자 전두환의 보안사령부는 잽싸게 신문과 방송 기사를 통제하는 보도검열단에 뛰어든다. 보안사령부에 언론을 관리하는 임무가 주어진 것도 아니고, 비상계엄이 내려졌지만 언론 검열이 요구되는 상황도 아닌데 서울지역 계엄사령부 및 전국의 계엄분소 보도검열단에 보안사령부 및 지역 보안부대 요원을 '조정관'으로 파견, 사실상 보도 검열 단장 노릇을 하도록 조치한 것은 전두환과 그의 보안사령부 첫 언론공작이라 할 수 있다. 군복 입은 손님이 날아들어 검열판을 좌지우지했다.

만약에 보안사령부가 보도검열단에 끼어들지 않았다면 12·12 군사반란, 5·17 내란 등 전두환의 쿠데타 시리즈는 언론의 제동을 받아 성공하지 못 했을 수도 있다. 전두환의 언론공작 텍스트라는 K-공작계획도 보도검열의 체험에서 얻은 힌트라는 분석이 나온다.

전두환 보안사령부의 허리를 반쯤 꺾어 놓는 언론 만들기는 날로달로 진화하는 보도 검열 기술과 K-공작계획에 바탕을 둔 중견 언론인 회유 등에서 나온다.

## ─전두환, 5·17쿠데타 직전 '위반할 경우 폐간' 결재

5·17쿠데타 결행 일자가 조정된 건 펜pen의 저항이 일정 부분 영향을 미쳤다는 관점도 있다. 서울을 포함해 전국이 언론사별로 비상계엄 해제 및 자유언론 운동을 이어가며 보글보글 끓고 있는 상황에서 1980년 3월 17일 한국기자협회장에 당선된 김태홍(합동통신, 현 연합뉴스 전신) 회장이 저항의 물꼬를 트자 전두환의 반격이 들어온다. 기자협회가 5월 16일 기자협회 회장단·운영위원·분회장 연석회의를 열어 '5월 20일부터 검열 거부 및 제작 거부'를 결의한 것이다. 이 선언이 실행될 경우 쿠데타의 전도에 먹구름이 몰려오게 될 건 불을 보는 일과 같아서 해법을 세워야 했다. 기자협회를 손보기 위해 날짜를 당겨 17일 밤 예비검속 때 이수원 부회장 등 간부 6명을 잡아들였다는 견해가 존재한다. 피신한 김태홍 회장 등 3명도 얼마 안 가 붙잡혔다.

기자협회의 '결의'에 전두환과 그의 보안사령부는 쇼크 반응을 일으킨다. 계엄에 계엄을 포개놓은 거 같은 5·17 비상계엄 전국 확대 조치에 앞서, 언론에 대못을 박는다. 보안사령부 '언론반'에서 5월 17일 낮 '5·17 계엄지역 확대 조치 및 포고령 10호에 의한 보도 통제 지침'을 각 언론사에 내리고, '위반할 경우 폐간'하겠다고 위협한 것이다.

국방부 과거사진상규명위원회는 2007년 7월 24일 프레스센터 18층 외신기자클럽에서 조사 결과보고서를 발표하면서 이 같은 자료를 보안사령부에서 입수했다고 밝혔다. 그날 공개된 '보도 통제 지침'의 결재란(사령관)에 전두환은 서명하면서 '(계엄사령부) 보도처, 위반 시 폐간'이라고 직접 써넣었다. 보안사령부로부터 이 문건을 넘겨받은 계엄사령부 보도처는 5월 18일 오전 10시 40분 서울지역 22개 언론사 편집부장을 불러 1980년 4월 1일 내린 '검열 지침'을 '보도 통제 지침'으로 대체한다고 전달했다. 5·18에는 이 강화된 보도 통제 지침이 적용되었다.

보도 통제 지침에는 현행 헌법 체계 및 정부를 비방하는 내용, 반정부 또는 혁신노선을 주장·선동하는 용공 분자를 정치범으로 취급·옹호하는 내용, 발표되지 않은 전·현직 국가원수 및 정부 요인과 그 가족의 동정 및 모독 비방 내용, 비상계엄 선포 시행 및 5·17 비상계엄 지역 확대 조치에 대한 비판과 포고령 위반 내용, 10·26사건 이전의 체제 및 치적과 통치 방식 등을 비방하거나 부정하는 내용을 보도하지 말 것 등이 포함되어 있었다.

보도 통제 지침의 '기타'에 명시한 계엄업무 유관 사항과 삭제 부분에 대한 공백 및 돌출 광고 금지 등은 소소한 것이고, 18일 오전 계엄사령부 보도처가 발표한 '추가 지침'은 보도 통제에 관한 기술이 일취월장하고 있음을 보여 준다.


추가 사항

가. 통신 검열 필畢 송신 금지(게재분 필히 재검열, 각색 예방을 위한 조치임)

나. 생방송 금지(출입처, 지방, 해외와 직통 연결 방송 포함)

다. 정부 및 계엄사 중요 발표 직후 CF·CM 금지(중요 발표 내용 경시감輕視感 전파 예방)

라. 신문은 매판 10부씩 검열단에 제출

마. 문화·체육면 및 기사 검열 면제 백지화(전 언론·출판·방송 내용 사전검
   열)

※

① 대통령 및 계엄사 발표, 공고, 포고 등 원문 기재 또는 방송에 한하여 허용

② 지방 검열 필한 내용도 재검열

③ 방침 위반 시 포고령 10호의 엄중 처단(동 내용에는 '폐간'이 포함되어
   있음을 강조)

(보안사 언론반,「보도 통제 지침 통고 조치 결과 보고」, 383-1980-103,
472~475쪽)

## -서울지역 펜들, 언론 검열 및 제작 거부

광주는 숨지 않았다. 5·17쿠데타 앞으로 나와 '비상계엄 해제하라, 전
두환 물러가라'라고 소리쳤다. 금세 공수부대의 폭력이 쏟아졌다. 광주는
용수철 같았다. 누를수록 더 강하게 튀어 올랐다.

광주가 전두환의 5·17에 응답하자 보안사령부는 언론부터 압박한다.
광주 상황을 일절 꺼내지 못하도록 재갈을 물린다. 서울이나 지방이나,
신문도 방송도, 광주라고 예외는 아니었다. 5·18 곁에 한 발짝도 갈 수 없
었다. 5·18에 관한 한 어느 무엇도 기사가 되지 못했다.

기자협회가 와해하자 서울 소재 언론사별로 펜들이 결의한다. 더 강한
펜이 되겠다는 선언이었다. 이민규 중앙대 미디어커뮤니케이션 교수는
일선 기자의 분노를 한국언론진흥재단 월간지『신문과 방송』2020년 4·5

월호 '신군부와 언론 검열'이란 글에서 "(5월) 20일부터 경향, 중앙, 동아, 한국, 신아일보와 2개 통신, 일부 방송 기자들은 언론 검열을 거부하는 성명서를 내고 제작 거부에 들어갔다"라고 적는다. 이 거부 사실을 언론사마다 기사로 작성했으나, 검열에 걸려 단 한 줄도 내보내지 못했다. 당시 삭제된 기사를 살려, 요약해 읽는다. "(광주) 사태(5·18)의 배경이나 직접적인 원인, 확산 과정 등에 대해서는 자세한 설명이 없이 당국의 일방적인 발표문을 보도함으로써 독자들에게 사태의 진상을 잘못 알리고 있다. 차라리 신문의 발행을 중지시키는 것이 최소한의 양심이다"라며 펜을 놓지만, 윤전기는 돈다. 차장급 이상 간부들만으로 신문을 만들고, 방송을 내보낸 것이다.

## –전국 언론, 전두환의 제2 광주폭동에 특급 부역

5·18은 '특수한 폭동의 결합체'다. 전두환 국군보안사령관이 광주에 투입한 공수부대의 '폭동적 진압'이 전두환의 제1 폭동이라면, 제2 폭동은 언론공작으로 이뤄진다.

전두환 보안사령관과 그가 수장인 전두환 그룹(신군부)이 3개의 공수부대를 풀어놓고 광주를 강타, 분노의 광주로 몰아넣는 폭동적 진압을 했으므로 진압행위 자체로 폭동이라는 것이다. 이 폭동에는 대법원이 1997년 4월 17일 '시위 진압의 폭동성'이란 판정을 내렸다. 전두환 그룹 쪽은 진압행위가 폭동으로 해석될 줄 생각이나 했을까.

전두환의 제2 폭동에는 전국 언론이 특급 부역자로 등장한다. 5·18 기간 중 신문과 방송을 동원, 활자와 영상으로 세 차례 반복해 가며 '광주 사람들이 폭동을 일으키고 있다'라고 선전한 것이다. 5월 21일 오전 '난동'으로 몰아세웠던 계엄사령부의 '광주 상황' 첫 공식 발표에 이어, 같은 날 오후 광주를 '폭도들의 폭동'으로 성격 규정한 이희성 계엄사령관의 특별담화문, 5월 26일 광주를 무법천지로 만들어 언론에 들이밀었던 계엄사령부의 '폭동 세밀화'(발표문)가 폭동공작용으로 사용된 것이다.

## ―5월 21일부터 언론 족쇄 풀어 '폭동의 광주' 전국에 열어 보여

5·18 과정에서 전두환 보안사령부의 '언론 통제 솜씨'는 수준급에 이르렀다. 서울지역 등 전국 언론의 고삐를 5월 20일까지 성공적으로 잡고 있다가 4일째인 21일 갑작스레 왜 풀었을까, 전략이 숨어 있다는 거다. 광주 MBC, 광주 KBS, 광주세무서 등을 방화하고, 아시아 자동차공장 등에서 차량을 몰고 오고, 총을 드는 등 '폭동' 수준으로 판정한 것으로 분석된다. 광주를 폭동으로 조작해 언론에 던져주기 위해 '폭동 같은 현상'이 나타날 때까지 기다림의 시간을 가졌다는 것이다.

계엄사령부는 21일 하루 동안 두 차례, 그간 '꽉 닫아둔 광주'를 전 국민을 향해 열어 보인다. 광주 상황에 대한 첫 공식 발표에 이어, 계엄사령관의 특별담화문에 '조작된 광주'를 담아 전국 언론에 띄워 올렸다.

오전 10시 30분에 있은 계엄사의 공식 발표를 요약하면, 5월 18일부터 연 3일째 전남 광주 일원에서 발생한 소요 사태가 아직 수습되지 않고 있고, 20일에는 지역감정을 자극하는 터무니없는 각종 유언비어가 유포되어 이에 격분한 시민들이 시위대열에 가세함으로써 사태를 더욱 악화시켰음.

난동 현상을 보이는 원인은 전국비상계엄이 선포되자 서울을 이탈한 학원소요 주동 학생과 깡패 등 현실 불만 세력이 대거 광주에 내려가 사실무근인 유언비어를 날조해 퍼뜨린 데 기인했음.

21일 오전 7시 현재 집계된 피해 상황은 군경 5명과 민간인 1명 사망, 군경 30명 부상, 민간인 부상자 공식 집계 안 됨. 공공건물 13동 파괴 또는 소실, 민간 차량 3대와 소방 차량 4대 파괴됨.

'폭도'나 '폭동' 같은 자극적 용어 사용은 인내심을 보인 공식 발표는 유언비어의 지역감정 자극, 서울 불순분자들의 대거 광주 잠입 및 그들의 유언비어 날조·유포 등의 내용으로 볼 때, 유언비어의 효과적 이용법에 훈련되어 있음을 보여 준다. 인명 피해도 속임수를 썼다. 군경의 경우 단 한 명 사망을 '5명 사망, 부상 30명'으로 늘려 잡았으며, 거꾸로 민간인은 한 명만 사망했다고 축소했다. 실제로는 6명이 숨졌다.

첫 공식 발표는 성과를 낸다. 보안사령부 '언론반'의 주문에 따라 아주 크게, 가공 없이, 던져준 대로 지면 또는 영상에 올려졌다. 서울지역 신문과 방송이, 전국의 지방지가 '광주에 소요', '군경 5명·민간 1명 사망', '유언비어·지역감정 겹쳐 사태 악화', '공공건물 13동 파괴·소실' 등으로 제목을 뽑아, 광주를 '난동의 도시'로 몰아갔음에서 확인된다.

당시 한국의 신문과 방송은 진퇴양난에 처해 있었다. 언론의 자유, 그건 어느 나라 얘기인가. 실감이 나지 않는, 법전 속 '죽은 자유'일 뿐이었다.

'쓸 자유'도 없었고, '안 쓸 자유'도 없었다. 재료를 주면 군말 없이 받아먹는 것이 한국의 언론 자유였다. 안 쓰면 저항으로 몰렸다. 전두환과 그의 보안사령부가 한국의 펜을 움켜쥐고 노리개처럼 갖고 놀았기 때문이다. K-계획의 열매로 봐야 한다.

## –계엄사령관 특별담화문, '난동'에서 '폭동'으로 승격시켜

첫 공식 발표에 이어 5월 21일 저녁 7시 30분 TV, 라디오를 통해 전국에 생중계된 계엄사령관 이희성의 특별담화문은 5·18을 '난동'에서 '폭동'으로 승격시켰다.

친애하는 국민 여러분.

본인은 오늘의 국가적 위기에 처하여 국가·민족의 안전과 생존권을 보유하고 사회 안녕질서를 유지해야 할 중대한 책무를 지고 있는 계엄사령관으로서 현 광주시 일원에서 벌어지고 있는 작금의 비극적인 사태를 냉철한 이성과 자제로써 슬기롭게 극복해줄 것을 광주시민 여러분의 전통적인 애국심에 호소하여 간곡히 당부코자 합니다.

지난 18일 수백 명의 대학생들에 의해 재개된 평화적 시위가 오늘의 엄청난 사태로 확산한 것은 상당수의 타 지역 불순 인물 및 고정간첩들이 사태를 극한적인 상태로 유도하기 위하여 여러분들의 고장에 잠입, 터무니없는 악성 유언비어의 유포와 공공시설 파괴, 방화, 장비 및 재산 약탈행위 등을 통하여 계획적으로 지역감정을 자극, 선동하고 난동행위를 선도한 데 기인한 것입니다.

이들은 대부분이 이번 사태를 악화시키기 위한 불순분자 및 이에 동조하는 깡패 등 불량배들로서 급기야는 예비군 및 경찰의 무기와 폭약을 탈취하여 난동을 자행하기에 이르렀으며, 이들의 극한적인 목표는 너무나도 자명하며, 사태의 악화는 국가·민족의 운명에 파국적인 결과를 초래할 것이 명약관화한 것이 사실입니다.

본인은 순수한 여러분의 애국충정과 애향심이 이들의 불순한 지역감정 유발 책동에 현혹되거나 본의 아니게 말려들어 돌이킬 수 없는 국가적 파탄을 자초하는 일이 없도록 조속히 이성을 회복하고 질서유지에 앞장서주기를 바라며, 가정과 지역의 평화적 번영을 위하여 각자 맡은 바 생업에 전념해주시기를 충심으로 당부하는 바이며, 다음과 같이 경고합니다.

경고

1. 지난 18일에 발생한 광주지역 난동은 치안 유지를 매우 어렵게 하고 있으며, 계엄군은 폭력으로 국내 치안을 어지럽히는 행위에 대해서는 부득이 자위를 위해 필요한 조처를 할 수 있는 권한을 보유하고 있음을 경고합니다.

2. 지금 광주지역에서 야기되고 있는 상황을 볼 때 법을 어기고 난동을 부리는 폭도는 소수에 지나지 않고 대다수의 주민 여러분은 애국심을 가진 선량한 국민임을 잘 알고 있습니다. 선량한 시민 여러분께서는 가능한 한 난폭한 폭도들로 인해 불의의 피해를 보지 않도록 거리로 나오지 말고 집안에 꼭 계실 것을 권고합니다.

3. 또한 여러분이 아끼는 고장이 황폐해지어 여러분의 생업과 가정이 파탄되지 않도록 자중자애하시고 과단성 있는 태도로 폭도와 분리될 수 있도록 함으로

써 계엄군의 치안 회복을 위한 노력에 최대의 협조 있기를 기대합니다.

1980년 5월 21일

계엄사령관 육군 대장 이희성

첫 공식 발표보다 훨씬 강도가 높은 폭도, 고정간첩, 방화, 약탈 등의 용어로 바뀐 담화문은 5·18을 '폭도들의 폭동'으로 성격 규정한 첫 문건이라는 데 의미가 크다. '폭도'는 폭동을 주도하거나 폭동에 가담한 자들의 무리이므로 '폭도'가 없으면 '폭동'이 실현되지 않는다. 담화문은 '난동행위'로 적고 있지만, '폭도'란 말을 세 번이나 사용하고 있어, '폭동 행위'와 동급의 말이라 하겠다. 담화문에 자위권 발동 관련 '경고'를 붙인 것은 '폭동'에 참여한 폭도를 쏴도 좋다는 '허가장'을 곧 내주게 될 것이란 예고로 해석된다.

전두환 그룹의 광주폭력을 합리화하기 위한 입체적 문건으로 분석되는 담화문은 짤막하지만, 8개의 조작 또는 공작을 담고 있다. 담화문에 나온 순서대로 그것들을 호명한다. ① 타 지역 불순 인물 광주 잠입 조작 ② 고정간첩 잠입 조작 ③ 불순 인물과 고정간첩들의 악성 유언비어 유포로 지역감정 자극 공작 ④ 약탈 조작 ⑤ 깡패 등 불량배 조작 ⑥ 계엄군의 자위권 보유 공작 ⑦ 폭도 공작 ⑧ 폭도와 양민 분리 공작 등이다.

담화문도 성공했다. 거의 모든 언론이 원문 그대로 받아쓰기한 것이다. 몇몇 신문은 담화문에도 없는 '폭동'이란 용어와 함께, 사진도 전쟁이 난 것 같은 '폭동적 풍경'만 골라 썼다. 사진 설명을 "극렬분자와 일부 폭도들이 탈취한 시내버스 등을 타고 중심가를 누비고 있다"(5월 24일 자), "화염에 싸인 차량들. 지난 19일 광주시에서 2일째 시위를 벌이던 군중들이 지나가는 경찰차에 불을 질러 온통 화염에 싸여 있다"(5월 23일 자)라고 쓴 신문도 있었다. 그렇게 안 하면 보도 검열단에서 '검열 필' 도장을 찍어주지 않고 까탈을 부렸다.

### –광주 최후 하루 전 계엄사 이름으로 폭동공작 3호 언론 발표

5월 26일 전두환의 보안사령부는 또다시 계엄사령부의 이름을 빌려 '폭동'을 소재로 한 발표문을 언론에 제공한다. '강경파 폭도들은 각지에서 모인 학생들 외에도 깡패, 양아치, 건달 등 불량배들', '가가호호 방문하여 쌀, 음료수, 담배, 침구, 금전까지 약탈', '약국, 금은방에 침입해 강도질', '고정간첩 등 불순세력이 파괴와 방화 충동질', '교도소 습격 선동', '폭도들이 전국 소년체전 합숙 훈련 중인 선수와 임원 400명을 귀향시켜 주지 않아 공포에 떨고', '강도들이 밤마다 약탈행위', '시민들은 정부와 계엄군의 신속한 질서 회복 바라고' 등이 주 내용이다.

발표문이 허위라 함은 유네스코 세계기록유산 국제자문위원장인 로슬린 러셀 박사가 간명하게 대변해 준다. "민주화운동으로 시작했다가 무질서한 난동으로 변질하곤 했던 다른 나라들과 달리 치안력 절대 부재의 상황에서도 약탈·방화·매점매석 없이 심지어 은행까지 무사했다. 주먹밥을 나누며, 헌혈을 자청하고, 시민 스스로 공동체 유지와 질서를 지켰던 유례없이 높은 시민의식을 높이 평가한다"라고 공표했다. 5·18 기록물의 세계기록유산 등재는 2011년 5월 23일 영국 맨체스터에서 열린 유네스코 세계기록유산 국제자문위원회에서 결정되었다.

5·18 직후에도 폭동공작은 이어진다. 계엄사령부는 5월 31일 A4 용지 6장에 '무장 폭도' 및 '난동 폭도'를 주어로 삼아 폭동 정밀화를 그린 '광주사태'란 제목의 발표문을 냈다. 언론은 이 또한 거역 없이 소화했다.

언론은 기사(뉴스)로 광주에서 폭동을 일으켰다. 신문이, 방송이 계엄사령부에서 받은 '쪽지'를 그대로 베껴 써 광주를 폭동의 도시로 만들었다. 언론의 잇따른 폭동 보도로 '광주 인권'이 집단으로 모독을 당한 것이다. 인권적으로 표현하면, 사람은 누구나 굴욕적인 처우를 받지 않을 자유를 가진 것인데도 광주라는 인격이 폭동공작 때문에 폭도로 낙인찍혀 '굴욕적인 처우'를 받은 것이라 하겠다.

언론의 특급 부역으로 아직, 광주는 폭도의 폭동에서 덜 빠져나왔다. 폭도의, 폭동의 기억이 오래가는 이유는 그가 성숙한 언론소비자라 할지라도 신문이, 방송이 제시하는 사고의 틀에 자신도 모르게 갇히게 되는 것이며, 언론이 설정한 사회적 의제에 수동적으로 끌려가기 때문이다. 『5·18 왜곡의 기원과 진실』(오승룡 외 2인, 2012년)도 "미디어에 반복적으로 노출될 때 미디어가 설정한 프레임 내에서 인식하게 되는 경우가 많다"라고 밝힌다. 당시 신문을 봤던 또는 방송을 들었던 사람들은 "광주가 폭동을 일으켰구먼. 저것들 저대로 놔두면 안 되겠는데…"라고 한마디씩 했을 것이다. 어느 한구석 '유언비어에 놀아난 광주'로 살아 있는지도 모른다. 화자話者가 신문이고, 방송 아닌가. 언론의 말을 믿고 싶어 하는 것에 언론소비자는 익숙해 있다.

폭동을 흔드는 바람도 있다. 인터넷에 들어가면 '광주 폭도' 천지다. 42년째 광주는 잔설 같은 폭동으로 시리다. 언제, 어디서, 누가 또 튀어나와 '광주폭동'을 외칠지 모른다. 그 폭동으로 광주가 다치고, 역사가 다친다. 5·18은 그래서, 오래된 현재다.

광주에 왜, 폭동공작의 불덩이를 집어던진 것일까. 보안사령관이란 제 1 모자 위에 10·26 사건을 수사하는 합동수사본부장, 중앙정보부장 서리, 사실상의 계엄사령관 모자까지 눌러쓰고 밀실에서 5·18을 지휘한 전두환은 자신이 지어낸 폭동을 광주로 감추기 위해 시민폭동을 만들어 광주에 뒤집어씌웠고, 5·17쿠데타의 온전한 성공을 위해 광주시민을 폭도로 사용했을 거란 분석이 나온다. 언론을 병기로 끌어와 광주 인권을 '폭도'로 학살한 전두환 보안사령관, 그는 신념처럼 "광주사태와 나는 아무런 상관이 없다"라는 말만 남기고 2021년에 죽었다.

제3장 인권과 세계시민주의 철학

# '함께 살아감의 철학'으로서 인권을 향하여[1]

강남순·텍사스 크리스천 대학교, 브라이트 신학대학원
Texas Christian University, Brite Divinity School

## 1. 인권이란 무엇인가: 인권의 토대

인권이란 지구상에 거하는 인간으로서 권리를 의미한다. 칸트는 그의 '코즈모폴리턴 권리cosmopolitan rights'라는 개념을 소개하면서, 인간으

---

1. 이 글은 광주에 있는 다문화평화교육연구소에서 '시민과 함께하는 인권 서로 배우기'라는 주제 강좌 시리즈 하나로 2022년 6월 21일 강연에서 소개한 내용을 기초로 했다. 강연은 '말의 언어'인 반면, 책에 소개되는 것은 '글의 언어'다. 말의 언어와 글의 언어는 서로 겹치기도 한다. 그러나 준비과정이나 전달 방식은 매우 다르다. 강연에 기초한 이 글에서 코즈모폴리터니즘에 관한 항목은 나의 책 『코즈모폴리터니즘이란 무엇인가』(동녘, 2021, 개정판)의 제2장과 3장에서 부분적으로 소개하였다. 코즈모폴리터니즘에 관한 보다 세부적인 논의는 이 책을 참고하기를 바란다.

로서 권리, 즉 인권이 한 국가에 속한 시민에게가 아니라, 지구 표면 위에 거하는 인간이라는 사실 하나만으로 인간으로서 권리가 보장되어야 한다고 주장한다. 그가 활동하던 18세기에는 참으로 혁명적인 주장이라고 할 수 있다. 인권, 즉 '인간으로서 권리'란 문자 그대로 한 인간이 국가나 어떤 공적 권위에 귀속하는 권리가 아니라, 한 개별 인간으로서 보장되어야 하는 권리를 의미한다. 따라서 인권이란 인간이 태어날 때부터 지닌 가장 근원적인 권리를 의미한다. 특정한 계층, 국가, 또는 공동체에 속해서가 아니라, 단지 한 인간이라는 의미에서의 권리라고 한다면, 이 점에서 인권은 '개별성의 윤리ethics of singularity'에 기초한다. 즉, 집단이 아닌 개별인으로서 인간이 바로 인권의 출발점이며 도착점이라는 것이다.

국가인권위원회법 제1조는 "모든 개인이 가지는 불가침의 기본적 인권을 보호하고 그 수준을 향상함으로써 인간으로서의 존엄과 가치를 실현하고 민주적 기본질서 확립에 이바지함을 목적으로 한다"라고 규정한다. 제1조는 첫째, 인권이란 지구상에 거하는 인간으로서 권리를 의미하는 것이며, 둘째, '인간으로서 권리'란 그가 국가나 어떤 공적 권위에 귀속하는 권리가 아니라, 한 개별 인간으로서 태어날 때부터 지닌 인간으로서 가장 기본적인 권리를 의미한다는 것이다. 한 인간으로서 권리, 즉 인권은 불가침이라고 하는 것이다.

그런데 한 문장으로 된 국가인권위원회법 제1조는 인권에 대한 성찰을 보다 구체적인 우리의 일상 세계와 연결하게 하고자 한다면, 다음과 같은 질문과 지속해 씨름해야 한다. 즉, 이러한 법적 규정은 출발점으로서 중요하다. 그러나 출발점일 뿐 도착점은 아니다. 우리가 지속해서 물어야 할 질문은 다음과 같다.

'모든'에는 누가 들어가는가.

'불가침의 인권'의 범주는 무엇이며, 그 수준을 향상한다는 것은 무엇인가.

인간으로서 존엄과 가치 실현은 구체적으로 무엇인가.

민주적 기본질서의 확립이란 사회정치적으로, 제도적으로, 또는 우리의 구체적인 일상 세계에서 무엇을 의미하는가.

한 문장이지만, 이 하나의 문장과 연결되어 우리가 성찰해야 할 것은 참으로 많다. 그리고 이러한 구체적인 연결은 각자가 자신의 정황에서 매번 새롭게 들여다보아야 한다. 인권 논의에서 어쩌면 가장 근원적인 토대를 이루는 성찰은 인간의 권리에서 호명되는 '인간'에서 인간이 된다는 것은 무엇인가라는 것에 대한 성찰이다. 이것은 자명한 것으로 보이지만, 전혀 자명하지 않다. 예를 들어서 페미니즘이 무엇인가에 대하여 대중화된 모토는 "페미니즘이란 여성도 인간이라는 급진적 주장"이다. 이러한 개념 규정을 볼 때 어떤 이들은 별로 특별한 것이 없다고 할 수 있다. 그러나 이 한 문장은 매우 복합적인 의미를 담고 있다. '인간'이라는 것은 참정권을 가져야 함을 의미하기도 하고, 자신이 결혼하고 싶은 사람이 이성이든 동성이든, 피부색이 같든 다르든 결혼할 수 있는 권리가 보장되어야 함을 의미하기도 한다. 이러한 예들을 살펴볼 때, '인간이 된다는 것' 또한 그 인간으로서 권리를 누린다는 것은 매우 구체적이고 복합적인 논의가 필요하다고 할 수 있다.

## 2. 왜 인권인가, 현대사회의 위기와 폭력

인권 담론은 크게 윤리적 차원, 법적 차원, 그리고 사회적 차원 등 크게 세 영역에서 논의된다. 이러한 세 영역은 거시 영역이다. 구체적인 미시 영역과 연결할 때 인권 담론의 이러한 세 영역은 매우 복합화하고 확장한다. 현대에 이르러서 인권 개념은 인간의 인권만이 아니라, 동물권, 그리고 식물권 등과 같은 '생명권'으로 확장하고 있다. 왜 우리는 인권에 대하여 관심해야 하는가.

이 세계에는 다양한 폭력이 존재한다. 이러한 폭력의 존재는 결국 한 인간의 가장 기본적인 권리인 자유와 평등의 차원을 파괴하고 왜곡시킨다는 것을 의미한다. 폭력은 자명한 것 같다. 그러나 자명하고 눈에 보이는 폭력보다, 은밀하고 눈에 보이지 않지만 강력하게 작동하면서 한 사람의 인간으로서 삶을 파괴하는 폭력이 참으로 많다. 예를 들어서 폭력의 종류와 형태를 보자. 우리가 흔히 생각하는 폭력은 주로 물리적 폭력이다. 그러나 물리적 폭력 외에 심리적 폭력, 종교적 폭력, 성적 폭력, 정치적 폭력, 경제적 폭력, 제도적 폭력, 상징적 폭력, 언어적 폭력, 또는 인식적 폭력 등이 있다. 이러한 다양한 얼굴의 폭력이 곳곳에 존재한다. 이러한 폭력이 존재하는 한 인간으로서 권리가 존재할 수가 없다. 누군가가 타자에게 이러한 폭력을 행사하면서 그것을 정당화하는 인식은 어디에서 나오는가.

이분법적 사유 방식은 타자에 대한 다층적 폭력을 정당화한다. 그러한 정당화 과정에서 인간으로서 권리가 다양하게 훼손되고 파괴된다.

| | |
|---|---|
| 남자 | 여자 |
| 백인 | 비백인 |
| 서구 | 비서구 |
| 인간 | 동물 |
| 기독교 | 비기독교 |
| 부자 | 가난한 자 |
| 고학력자 | 저학력자 |
| 이성애자 | 성 소수자 |
| 어른 | 아이 |
| 비장애인 | 장애인 |

이러한 이분법적 사유 방식의 리스트는 계속 이어갈 수 있다. 이러한 사유 방식은 거시 정황에서도 일어나고, 우리의 일상 세계에서도 일어난다. 전자는 '우월한 존재', 후자는 '열등한 존재'라는 생각을 자연스럽게 하면서, 우월한 존재는 열등한 존재를 지배해도 된다는 '지배의 논리'를 정당화하게 된다. 인권 의식을 확장하는 것, 나의 인간으로서 권리만이 아니라 나와 다른 타자의 인권도 동일하게 중요하다는 의식은 어떻게 가능한가. 나와 타자, 그리고 이 세계를 보는 시선이 바뀌지 않으면, 그 어떤

의식의 변화도 일어나기 어렵다. 이 지점에서 코즈모폴리턴 철학이 등장하게 된다.

## 3. 코즈모폴리터니즘의 가치와 인권 의식의 확장

코즈모폴리터니즘이 무엇이며, 어떠한 의미에서 인권 논의와 연결되는지 파악하기 위해서는 매우 복합적인 과정이 필요하다. 우선 코즈모폴리터니즘의 인식론적 출발점을 간략하게 살펴보자. 첫째, 코즈모폴리터니즘은 인간의 개별성singularity을 그 중요한 도덕적이고 규범적인 근거로 삼고 있다. 코즈모폴리터니즘에 있어서 도덕적 관심의 가장 기본적인 단위는 국가나 민족 또는 다른 형태의 공동체 또는 정치적 집단이 아닌 '개별 인간'이라는 것이다. 그렇다고 해서 이 '개별 인간'을 가장 근원적인 단위로 보는 코즈모폴리턴 시각이, 국가나 특정 공동체와 같은 지엽적인 단위에 대한 의무나 책임성을 배제하는 것은 아니다. 코즈모폴리터니즘이 강조하는 것은 이 세계 '모든 곳'에 살고 있는 '모든 인간' 한 사람 한 사람의 인간으로서 가치를 존중하고 보존하는 것을 인류의 '보편적 책임'이라는 것이다.

둘째, 코즈모폴리터니즘은 우리의 책임이 모든 개별인에게 '동등하게' 적용되어야 함을 강조한다. 즉, 개별 인간에 어떠한 근거로서든지 차별성을 두어서는 안 된다는 것이다. 우리가 인간으로서 가져야 할 책임의 범주를 국가나 민족의 범주를 넘어서서 인간 보편으로 확대하는 의식이다. 지구 위에 거하는 인간이라면 누구나 인간으로서 존엄한 삶을 살 권리가 있으며, 권리를 보존할 책임이 있다. 이러한 개개인에 대한 도덕적 관심은 누구에게나 평등하게 적용되어야 하며, 국가나 종교, 인종이나 성별에 상관없이 생명을 지니고 살아가는 모든 인간에게 동일하게 적용되어야 한다는 가치가 바로 코즈모폴리터니즘의 출발점이다. 코즈모폴리터니즘이 지향하는 이러한 개별인에 대한 책임 의식은 인간이 어디에서 태어났든지, 그리고 어떠한 공동체에 속하여 있든지에 상관없이 모든 인간 한 사람 한 사람을 평등하게 대하여야 한다는 의미다.

셋째, 코즈모폴리터니즘의 범주는 보편적이다. 코즈모폴리턴 보편주의는 개별인의 구체적인 삶의 자리에서 출발한다. 모든 인간은 '우주의 시민'으로서 '동료 인간'이라는 의식을 가지고 그 도덕적 지위에 있어서 평등하다. 이러한 도덕적 지위는 국가·시민권·성별·계층·인종·성적 지향 등의 범주를 넘어서서 모든 이들에게 적용되는 것이라는 의식으로 이어지게 된다. 그런데 여기에서 말하는 '코즈모폴리턴 보편주의'란 백인-남성-중산층-중심의 세계관이 시간과 공간을 초월하는 규범적인 것으로 간주하는 '위로부터의 보편주의universalism from above'로 이해할 수 있는 근대적 보편주의와는 다른 의미를 지닌 개념이라는 것을 유의할 필요가 있다.

이 세계 어느 지역에 살든, 모든 사람의 삶이 밀접한 연관성 속에 놓여 있다. 이러한 전 지구적 상호연관성에 대한 자각은 가까운 타자만이 아니라, 먼 타자에 대하여 어떠한 의식을 가지고 살아가야 하느냐는 물음을 우리에게 제시한다. 이러한 철학적·윤리적·사회정치적 물음에 대하여 근원적으로 다시 생각하게 만든다. 이러한 상호연관성의 삶을 살아가게 된 지금, 우리는 국적·인종·성별·민족·문화·종교·정치적 입장·성적 지향·장애 여부 등에 상관없이 이 세계를 함께 살아가는 다양한 모습의 타자에게 어떠한 책임성을 가지게 되느냐는 물음과 대면하게 된 것이다. 즉, 인간의 상호연관성에 대한 인식은 그 상호연관된 타자에 대한 도덕적 의무와 책임성과 밀접한 연관이 있게 된다는 것이다. 타자에 관한 관심과 도덕적 의무가 주로 한 국가적 경계 안에만 제한되었던 전통적인 사고방식을 벗어나서, 지구적인 상호의존성에 대한 인식에 이르게 된다. 결국 인간에 대한 이해에서 다양한 차이성에도 불구하고 '인간이라는 공통성'에 대한 인식을 확장하게 하였다.

국적·시민권·종교·인종·젠더·계층·장애 여부·성적 지향 등은 사람들을 분리하는 데 사용되곤 한다. 그러나 이러한 외적 차이성보다 더욱 중요한 것은 하나의 인류로서 지구 표면에 거주하면서 공동운명체적 삶을 나누는 '인간'이라는 공통성이다. 코즈모폴리터니즘은 이러한 공동 운명체라는 인식에 근거하여 타자를 향한 '나·우리'의 의무와 책임성에 대한 철학적, 윤리적, 정치적, 또는 종교적 근거로서 등장하게 한다. 모든 인간 개개인이 어느 특정한 국가나 지역에만 소속된 것이 아니다. 그 지역적 경계를 넘어서서 '우주의 시민cosmic citizen'이라는 개별인의 두 가지 정체성을 부각하는 코즈모폴리터니즘은 철학적 담론으로만이 아니라, 현대사회에서 가장 절실하게 요청하는 실천적 의미를 지닌 중요한 사상이다. 더 나아가서 코즈모폴리터니즘적 가치의 구체적인 실천적 방안을 모색하는 데 있어서 코즈모폴리터니즘은 타자에 대한 연민, 사랑, 연대, 환대 등과 같은 주요한 인류의 보편 가치를 이 공공세계에서보다 복합적으로 드러내고, 더 나아가서 구체적인 실천적 의미를 모색하는 데 중요한 이바지를 할 수 있다고 나는 본다. 결국 살아감이란 '함께 살아감'을 의미하는 것이기 때문이다.

코즈모폴리터니즘의 세 가지 기본적인 가치는 인권의 가치와 겹친다. 첫째, 코즈모폴리터니즘이 인간의 개별성으로부터 출발하는 것처럼, 인권 개념도 인간 개개인이 지닌 개별성의 윤리로부터 출발한다. 둘째, 코즈모폴리터니즘이 우리의 책임이 모든 개별인에게 '동등하게' 적용되어야 하는 것처럼, 모든 인간의 인권을 지켜내기 위한 책임은 모든 이들에게 '동등하게' 적용된다. 셋째, 코즈모폴리터니즘의 범주가 보편적인 것처럼 인권의 범주 역시 보편적이어야 한다. 여기에서 '보편적'이라는 것은 인권을 보호하고 지켜내는 대상에 그 어떤 차별도 있으면 안 된다는 의미다.

코즈모폴리터니즘은 친구 또는 이웃이란 누구인가에 대한 근원적인 물음을 제기한다. 우리는 흔히 인권은 우리와 유사한 사람, 나와 동질성을 나누는 사람에게만 적용한다고 생각한다. 대부분 사람은 '친구'의 범주에 들어가는 이들의 인권에는 관심한다. 그러나 '적'의 범주에 들어가는 사람에게는 인권을 적용할 필요가 없다고 생각한다. 정치란 '친구-적'을 규정하고 범주화하는 것으로부터 출발한다. 누가 친구이며 적인가를 규정하는 것이 정치적 전략과 방향 설정에 중요하다는 것이다. 여기에서 '친구·이웃'의 범주란 같은 민족·국적·시민권과 같은 자명한 듯한 객관적 조건에 의하여 설정되는 매우 단순한 것같이 보인다. 흔히 민족·국적·종교·문화·정치적 입장·교육적 배경 등 다양한 요소에 의하여 규정하기도 한다. 주로 자신과 같은 조건을 나누는 사람들을 친구의 범주로 설정하는 것이 통상적인 경우이다. 이렇게 친구의 범주를 설정하는 것은 동시에 그들의 권리, 그들에 대한 책임, 환대, 또는 정의의 적용을 설정하는 것과 연결이 된다. 타자를 친구로 또는 적으로 이분화하면서 우리가 지니는 타자에 대한 책임감과 연대의 범주도 이분화한다.

코즈모폴리터니즘은 이러한 친구·이웃의 범주를 규정하는 기준에 대한 새로운 통찰을 제시한다. 민족, 국가, 인종, 종교 등 나와 동질적인 조건을 지닌 사람들만을 친구·이웃으로 볼 것이 아니라, 다른 조건 속에 있어도 이 우주에 속한 동료 인간이며 시민이라는 가장 보편적인 동질성을 가지고 모든 이들을 이웃으로 간주하라는 것이다. 그 어느 조건에서도 경계를 긋지 않고, 모든 이를 '동료 인간'으로 보는 사상이라는 점에서 '무경계성boundarylessness'은 코즈모폴리터니즘의 중요한 구성요소라고 할 수 있다.

국적과 문화가 달라도, 종교나 신념이 달라도, 젠더나 인종이 달라도, 성적지향이나 육체적·정신적 능력이 달라도 '인간'이라는 공통성을 가지고 이 세계에 속한 '동료 시민'으로서 동질성을 인식함으로써 친구·이웃의 범주를 확장할 수 있다. 이렇게 친구·이웃의 개념과 범주를 이 세계로 확장하는 생각은 정치, 경제, 국가적 경계등의 현실적 문제 속에서 생각해 볼 때 매우 비현실적인 사고로 보인다. 이러한 경계를 넘어서는 이웃의 확장에 관한 생각은 다양한 사람들에 의하여 실천되고 있다. 따라서 인권을 지켜내는 중요한 인식적 출발점은 이 세계에 존재하는 이들이 모두 '나/

우리의 동료 인간'이라는 코즈모폴리턴 의식이라고 할 수 있다.

코즈모폴리터니즘은 타자에 대한 책임감, 타자에 대한 환대, 그리고 거시적 의미의 정의와 관련된 다양한 주제를 제시하고 있다. 이 세계에 존재하는 모든 이들을 동료, 친구, 또는 이웃으로 간주하게 될 때 우리가 이제까지 가족이나 친구 또는 친척 등 가까운 친구·이웃에게만 적용했던 관심과 책임감의 범주를 그대로 적용할 수 없음을 알게 된다. 즉, 정의·환대·연민·연대의 범주가 급진적으로 확장되어야 한다는 것이다. 가까운 친구만이 아니라 먼 친구 또는 아는 이들만이 아니라 모르는 이들, 같은 종교나 국적을 가진 이들만이 아니라, 다른 종교와 각기 다른 국적을 가진 이들에게까지 관심과 책임의 영역을 확장해야 한다. 이것이 '동료 인간'에 대한 의무다.

물론 우리가 할 수 있는 일은 우리 각자가 지닌 한계성 때문에 늘 제한된다. 그러나 의무와 책임감은 무한하다. 이러한 의무와 책임은 개인적인 문제만이 아니다. 사회적이고 국가적이며, 또한 공적인 문제라는 인식이 필요하다. 한 개인이 할 수 있는 일과 국가적으로 할 수 있는 일, 또는 국제적으로 풀어야 할 일이 서로 얽혀 있는 세계 속에 우리는 살고 있기 때문이다. 코즈모폴리터니즘이 정치 철학과 사회 철학 분야에서 우선하여 부상하기 시작한 이유는 바로 이렇게 인간의 문제가 개개인의 책임과 환대의 행위로만 해결될 수 있는 것이 아니라, 다양한 사회정치적 제도와 연계되어야 하기 때문이다. 인권에 대한 우리의 의식도 마찬가지다. 인권을 추상적인 의미로만 생각하는 것이 아니라, 구체적인 문제와 연결해서 다양한 배경의 사람들이 어떻게 한 인간으로서 권리를 보장받느냐는 미시적인 정황과 연결해야 한다.

## 4. 코즈모폴리터니즘의 주요 특성

지구화 이후 새롭게 부상하기 시작한 코즈모폴리터니즘의 특성은, 코즈모폴리터니즘을 어떠한 정황에 연계하는가 또한 어떠한 관점에서 그것을 조명하는가에 따라서 각기 다른 점이 제시될 수 있다. 내가 관심하는 코즈모폴리터니즘은 도덕적, 정치적, 그리고 종교적 실천에 있어서 어떠한 함의를 지니는가 하는 점이다. 이러한 나의 관점에서 코즈모폴리터니즘의 주요 특성에 대하여 살펴보고자 한다.

첫째, 코즈모폴리터니즘의 중요한 특성은 모든 생명의 거시적-상호의존성의 원리이다. 이러한 거시적-상호의존성의 원리에 근거한 지구 공동체를 향해, 코즈모폴리턴 정신을 수용하는 이들은 구체적인 현실 속에서 다양한 사회정치적 정황과 접목하고자 하는 다양한 시도를 한다. 그런데 이러한 거시적-상호의존성은 전통적인 의미의 '공동체주의communitarianism'와 같은 것이 아니다. 물론 코즈모폴리터니즘은 '우주적 공동체cosmic community'를 강조한다는 점에서 또 다른 종류의 공동체주의라고 볼 수도 있다. 그러나 코즈모폴리터니즘이 지향하는 '우주적 공동체'는 '공동체'라는 개념이 가질 수 있는 그 '포괄의 원circle of inclusion'을 최대한으로 확장한 다층적이고 복합적인 의미를 지닌다.

이러한 맥락에서 전통적인 공동체주의와 코즈모폴리터니즘이 모색하는 '우주적 공동체' 개념 사이에 결정적 차이가 있다는 점을 인지할 필요가 있다. 전통적인 공동체주의는 특정한 동질성에 의하여 구성된 공동체라는 '집단성collectivity'을 윤리적 가치의 중요한 근원으로 보고 있다. 반면, 코즈모폴리터니즘은 인간의 '개체성individuality'을 도덕적 가치의 근원으로 삼고 있다.[2] 따라서 전통적인 공동체주의는 정의, 권리, 그리고 환대에 대한 요구와 적용에 있어서 성별, 인종, 민족, 국적, 성적 성향 등과 특정한 범주에 의하여 형성된 '공동체 집단'에 우선하여 제한된다. 즉, 집단적 동질성을 공유하는 범주의 사람들에게만 주로 관심한다는 것이다.

반면, 코즈모폴리터니즘은 성별, 인종, 성적 성향, 민족, 종교 등의 다양한 범주를 '필연성'이 아닌 '우연성'으로 본다. 즉, 어떤 조건이 어떤 근원적인 우월성 또는 열등성을 나타내는 것이 아니라, 우연적인 조건이라는 것이다. 예를 들어서 내가 인도네시아에 태어났다면, 이슬람교도가 될 가능성이 크고, 유럽이나 미국에서 태어났다면 기독교인이 될 가능성이 크다. 이러한 '우연성'은 여타의 다른 조건에도 적용할 수 있다. 그렇기에 특정한 범주를 배타적이나 우열의 관계가 아닌 '우연히 주어진 것'으로 간주하는 것이다. 이러한 집단적 범주를 넘어서서, 개별인의 권리와 그들을 향한 정의의 적용으로 확산하고자 하는 것이 바로 코즈모폴리터니즘이 공동체주의와 근원적으로 다른 것이다.

즉, 인간을 민족국가 또는 다양한 정체성의 표지에 의하여만 규정하는 것을 넘어서서, 포괄의 원을 확장하여 '우주 시민·세계시민'이라고 보는

---

2. Charles Jones, *Global Justice: Defending Cosmopolitanism* (Oxford: Oxford University Press, 1999), 16쪽.

코즈모폴리턴 인식론적 근거는, 개별인의 태어난 조건과 연관된 성별, 인종, 국적, 성적 성향 등의 요소는 필연성이 아닌 우연성의 산물이며, 그러한 우연적 조건이 인간으로서 권리를 향유하고 정의의 적용 여부를 차별 짓는 요소가 아니라는 관점에 있다. 이런 맥락에서 보자면 전통적인 의미에서의 공동체주의와 그 출발점이 다른 코즈모폴리턴 공동체란 동질성을 공유하는 사람들끼리만이 아니라 모든 다양한 인간들로 구성된 도덕적 공동체를 지향한다. 그러한 코즈모폴리턴 공동체의 근거는 생명의 상호 의존성에 그 뿌리를 두고 있다.

울리히 벡은 코즈모폴리터니즘이 담고 있는 상호연관성의 원리는 이 세계 공동체의 상호의존성에 대한 의식을 향상하게 시켜주며 '내부자-외부자', '우리-그들', 그리고 '국내적-국제적' 사이의 이분법적 경계를 넘어서야 할 것을 요청한다고 강조한다. 더 나아가서 지역주의 없는 코즈모폴리터니즘은 공허하고, 코즈모폴리터니즘이 없는 지역주의는 맹목적이라고 지적한다.[3] 즉, 코즈모폴리터니즘은 사람들이 속하여 있는 다양한 '소속성' 그것이 국가든 성별이든 인종이든 종교든 부정하는 것이 아니다. 오히려 그 특정한 소속성을 끌어안으면서도 그 지역적, 특수한 소속성 안에 제한되지 않고 넘어서는 시각을 요청하는 것이다. 예를 들어서 우리가 지리적으로 태어난 곳에 의하여 규정되는 '특정한 소속성', 그리고 태양 아래 있는 인간으로서 그 '우주적 소속성'이 늘 대립적으로 상충하는 것이 아니라, 그 두 종류의 소속성을 동시에 끌어안는 것을 요청하는 것이다.

---

3. Ulrich Beck, *The Cosmopolitan Vision*(Cambridge: Polity Press, 2006), 7쪽.

둘째, 코즈모폴리터니즘의 중요한 특성은 '우주적 환대와 책임성의 원리'이다. 그런데 환대나 책임성이라는 개념은 어찌 보면 매우 상투적인 것으로 보이기도 한다. 왜냐하면, 너무나 많은 사람이 그 복합적인 의미나 딜레마를 고려하지 않고 낭만적이거나 매우 추상적인 의미에서 그 개념을 차용하기 때문이다. 환대와 책임성의 개념에서 우리가 먼저 생각해 보아야 할 점은 이 둘의 적용 범주와 동시에 구체적인 현실에서 의미하는 함의에 관한 것이다. 비판적으로 생각해 보아야 할 커다란 물음은 다음과 같은 두 가지 물음이다. 첫째, 우리는 '누구에게' 환대를 실천하고, '누구까지' 책임을 져야 하는 것일까? 둘째, 21세기 고도의 자본주의 사회에서 타자에게 환대를 베풀고 책임을 진다는 것은 구체적으로 도대체 무엇을 의미하는 것인가? 개인적으로 사적인 환대를 베풀고 책임을 지는 일, 그리고 공적·제도적·국가적 차원에서 먼 타자distant other, 이방인, 외국인, 난민 등과 같은 타자에게 환대를 베풀고 책임을 지는 것 사이에 생길 수 있는 긴장과 갈등은 또한 어떻게 풀어나가야 하는가? 이러한 방향의 두 가지 물음은 물론 그 누구도 쉬운 답을 제시할 수 없는 매우 복합적이고 어려운 것이다. 그러나 '환대와 책임'이라는 인간의 보편적 가치가 단순히 낭만적 구호나 추상적 제안으로 그 유의미성이 실천적 영역에서 실현되지 않는다는 사실을 인식하는 것은 매우 중요하다.

코즈모폴리턴 사상이 지향하는 것은 사람들의 태어난 장소나 소속된 국가와 같은 영토적인 경계를 넘어서는 타자를 향한 환대와 책임성이다. 즉, 타자를 향한 환대와 책임성은 지구 위에 거하는 '모든' 사람들에게 적용되어야 한다는 것이다. 토마스 아퀴나스는 이러한 스토아주의 코즈모폴리터니즘을 모든 사람에게 적용되어야 하는 그의 자연법사상을 통해 재구성한다. 아퀴나스는 모든 사람이 신에 의하여 창조된 신의 자녀라는 점, 따라서 자연법은 신 의지의 창출이라는 점을 강조하면서 사실상 스토아주의적 코즈모폴리터니즘 사상을 그의 자연법사상 속에서 구현하고자 한다.[4]

칸트는 그의 '영구적 평화' 개념을 통해서 모든 개별인의 인간으로서 존엄성과 권리가 인정되고 그들에 대한 평등하고 정의로운 대우가 보장되기 위한 '보편적 책임성과 우주적 환대의 원리'가 실천될 때 비로소 인류에게 영구적인 평화가 가능하다는 것을 역설한다. 여기에서 에마뉘엘 레비나스가 강조하는 인간의 '얼굴'의 중요성은 이러한 인간 개별인이 지닌 유일성과 존엄성, 그리고 그러한 인간에 대한 환대와 책임의 문제를 잘 연결해 준다. 이러한 맥락에서 보자면 종교란 책임성이며, 책임성이 배제된 종교란 아무것도 아니다[5]라고 본 자크 데리다의 종교 이해는 현대사회를 살아가는 우리에게 시사하는 바가 크다.

셋째, 코즈모폴리터니즘의 또 다른 특성은 '초경계성trans-boundaryness의 원리'다. 이 '초경계성'이란 개념은 코즈모폴리턴 사상에서 매우 중요한 의미를 지닌다. 우리가 '자연적'이라고 생각하는 무수한 경계는 인간 사이의 상호의존성 그리고 모든 인간 개개인이 지니는 존엄성과 생명에의 권리를 유린하고 박탈하는 것 역시 '자연적'인 것으로 생각하게 만든다. 성

---

4. Sharon Anderson-Gold, *Cosmopolitanism and Human Rights* (Cardiff: University of Wales Press, 2001), 11쪽.

5. Jacques Derrida, *The Gift of Death*, trans. David Willis (1992; Chicago: University of Chicago Press, 1995), 2쪽.

별·인종·국적·종교·성적 지향·사회적 계층·교육 배경·가족 배경 등에 따라서 우리는 어떤 특정한 사람들의 가치나 권리를 '자연적'인 것처럼 위계화하곤 한다.

## 5. 코즈모폴리터니즘의 주요 가치

코즈모폴리터니즘이 담고 있는 가치는 참으로 복합적이고 다양하다. 이러한 복합적인 가치를 간략하게 살펴보자. 첫째, 코즈모폴리터니즘은 맹목적 애국주의나 폐쇄적 민족주의를 비판하면서 '개방적 민족주의'를 지향한다. 코즈모폴리터니즘에 대한 가장 커다란 의문점으로 간주하는 것은 애국주의나 민족주의와의 관계다. 많은 사람은 코즈모폴리터니즘이 그들에게 중요한 애국주의 또는 민족주의와 병립할 수 없는 것으로 생각한다. 그러나 이러한 이해는 코즈모폴리터니즘에 대한 오해다. 코즈모폴리터니즘은 민족주의를 무조건 반대하는 것이 아니다. 코즈모폴리터니즘이 비판하는 민족주의는 자기 국가의 이득에만 집착하고 자기 국가를 넘어서는 '지구 공동체'의 이득과 미래를 고려하지 않는 맹목적 민족주의 또는 배타적 애국주의를 비판하는 것이다. 코즈모폴리터니즘이 수용하는 개방적 민족주의나 애국주의는 한 민족이나 국가에 대한 특별하고 우선적인 애정과 관심을 인정하면서 동시에 그러한 민족적 관심이 지구 공동체에 대한 배려를 배제한 것이어서는 안 된다는 것이다.

둘째, 코즈모폴리터니즘이 담고 있는 주요한 가치는 '인간의 권리' 개념과 범주의 확장이다. 흔히 인권은 전통적으로 일정한 민족국가나 사회정치적으로 구분된 집단에 소속한 사람들에게만 적용되곤 한다. 그런데 국가나 사회에 소속되어 있지 않은 이들은 어떻게 인간으로서 권리를 주장할 수 있느냐는 문제가 심각한 현실적 문제로 대두하기 시작한다. 인권이라는 개념은 곳곳에서 사용되기에 매우 일상화된 개념이기도 하다. 그러나 실제로는 매우 복합적인 개념이다. '인간의 권리'라는 인권 개념은 다음과 같은 두 가지 커다란 주제를 내포하고 있다. 첫째, '인간'의 범주를 어떻게 규정할 것인가, 그리고 둘째, '권리'의 범주와 적용을 어떻게 설정한 것인가 하는 점이다. 그런데 이러한 복잡한 논의와 연관되어 전제해야 할 것은 누군가가 '권리'를 주장한다는 것은 그 권리를 실행할 책임과 의무를 지닌 사람이 필요하다는 점이다. 그래서 그 권리 주장을 받아들여야 하는 의무를 지닌 사람이 그 의무를 이행하지 않는 것은 결국 정의롭지 못하게 된다. 따라서 인권의 문제란 의무와 책임, 그리고 정의의 문제와 불가피하게 연결되어 있다.

예를 들어서 부유한 나라 또는 개인이, 가난한 나라나 개인에게 보조해 준다고 가정해 보자. 그러한 보조를 '자선charity'의 개념으로 이해할 때는 '시혜자-수혜자' 사이에 도덕적 위계 구조가 형성된다. 즉, 시혜자나 기부자는 구제를 '베푸는 사람'의 위치에 서게 된다. 반면 수혜자는 누군가의 자선을 수동적으로 받는 시혜의 대상자로서 '구걸자'의 위치로 규정된다. 이러한 관계에서는 기부자와 수혜자 사이에 윤리적 평등성이 유지되지 않는다. 결과적으로 '물적 불평등'은 결국 '윤리적 불평등'으로 연결된다. 부를 지닌 나라나 개인들은 시혜를 베푸는 위치에 서게 됨으로써 도덕적 우월성을 지니게 되고, 그 시혜의 수혜국이나 개인은 타자의 도움을 수동적으로 구걸하게 됨으로써 도덕적 열등성을 지닌 존재가 된다.

그러나 이러한 '시혜자-수혜자' 문제를 다른 각도에서 보면, 전혀 다른 이야기가 형성될 수 있다. 즉, 국가 간의 물적 불균형의 문제를 이 지구 공동체에 거하는 한 '가족'의 의미로서 보면 다른 이야기가 된다. 이 두 나라가 '가족'이라면, 부를 누리는 국가는 그렇지 못한 국가와의 물적 불균형을 극복해서 더 평등한 지구 공동체를 꾸려나가야 할 책임과 의무를 작동시킬 것이다. 가난한 나라는 자신들의 물적 필요를 요청할 수 있는 '권리'를 지닌다고 볼 수 있다. 이렇게 될 때 '시혜자와 수혜자' 사이의 도덕적 불평등은 존재하지 않게 되며, 양쪽의 도덕적 평등성을 유지하는 평등한 관계가 된다. 그래서 물적으로 가난한 것이 도덕적 열등성을 의미하는 것은 아니며, 부를 누렸다고 해서 도덕적 우월성을 확보하는 것은 아니다. 이 세계 어느 한 지역이 지닌 물질적 자원과 부는 결국 다른 지역에서 되풀이하는 빈곤과 복합적으로 상호 연계되어 있다. 예를 들어서 소위 개발도상국 또는 제삼 세계 노동력과 자원의 착취가 없으면, 지금 이 세계의 극도의 물질적 불균형은 훨씬 더 극소화 된다. 이처럼 이 세계의 극심한 빈부의 차이를 권리-책임-정의의 틀에 놓고, 21세기의 산재한 다양한 문제에 접근하면서 코즈모폴리터니즘의 이상을 실현하고자 하는 다양한 노력이 등장하고 있다.

셋째, 코즈모폴리터니즘적 시각은 '지구적 정의global justice'의 가치를 담고 있다. 지구적 정의라는 개념은 정의가 행사되는 범주가 인종·국적·종교·민족 등과 상관없이 이 지구 위에 거하는 모든 사람이어야 한다는 의미다. 지구적 정의는 이 세계의 다양한 재난, 즉 극심한 빈곤이나 질병 등은 자연적인 것이 아니라 인간이 만들어 낸 것이라는 인식을 그 전제로 한다. 따라서 인간이 이 지구 위에서 누리는 자연환경, 물적 자원 등은 공평하게 분배가 되어서 인권의 보장과 확산, 그리고 사회 정의를 위한 지구적 연대성의 확산이 요청된다고 보는 것이다. 이러한 지구적 정의 개념은 21세기 들어서 더욱 심각해지는 이주민, 난민, 그리고 망명자의 인간으로서 권리 확보와 그들에 대한 책임을 정의의 문제와 연결하는 데 그 이론적 근거를 제시하고 있다.

넷째, 코즈모폴리터니즘은 세계의 '영구적 평화'를 그 주요한 가치로 지향한다. 이 세계의 진정한 영구적 평화를 모색하기 위한 가장 중요한 출발점은 한 사람이 또는 한 국가가 국적이나 종교 등이 다른 타자들에 대한 포용으로부터 시작한다. 더 나아가서 그들의 인간으로서 권리가 최대한 보장되기 위한 책임과 의무를 받아들이고, 개인들 간의 또는 국가 간의 정의로운 올바른 관계를 지속해 유지하기 위한 정의에의 감수성이 요청된다. 칸트가 강조하는 '영구적 평화' 개념은 세계 곳곳에서 진행되고 있는 전쟁과 폭력의 현실 속에서 인류가 지향해야 할 매우 절실한 가치이다. 특히 갖가지 분쟁과 폭력 그리고 질병과 빈곤으로 고통당하고 있는 무수한 사람들이 나·우리의 가족이며 동료라는 의식이 사회정치적으로 확산할 때 이 세계의 진정한 평화는 비로소 가능하게 될 것이기 때문이다.

다섯째, 코즈모폴리터니즘은 '지구적 공동체'를 추구한다. 지구적 공동체라는 개념은 지나치게 추상적이고 유토피아적이라는 생각하는 이들이 있을 것이다. 그러나 이미 적십자 운동이나 '국경 없는 의사회Doctors without Borders'와 같은 단체는 국가적 경계를 넘어서 세계 곳곳의 가난·질병·전쟁·문맹 등의 문제를 가지고 활발한 활동을 하고 있다. 이들과 같이 이러한 국가적 또는 지리적 경계를 넘어서서 무수한 '타자'를 향한 돌봄과 책임성을 실천하고자 하는 정신은 코즈모폴리턴 이상을 잘 반영하고 있다.

## 6. 코즈모폴리터니즘과 인권: 이론과 실천의 상호연관성

실천 없는 이론은 공허하며, 이론 없는 실천은 맹목적이다. 칸트의 말이다. 칸트의 이 말은 이론과 실천을 이분법적으로 보고 이론 또는 실천 중한 가지가 더 중요하다고 보는 이해가 지닌 한계와 위험성을 명확하게 짚고 있다. 실천적 연계 없는 '공허한 이론', 또는 복합적인 이론적 조명이 부재한 '맹목적 실천'의 함정에 빠지지 않도록 지속적인 비판적 성찰이 필요한 이유다. 코즈모폴리터니즘 사상은 이 세계 현실에서 구체적인 변화를 모색하는 데에 요청되는 이론적 토대와 실천적 정황을 복합적으로 보여 주고 있다.

코즈모폴리터니즘은 이 세계 곳곳에서 크고 작은 변혁 운동과 실천을 지속해 만들어가기 위한 이론적 지표를 제공하는 '실천 있는 이론' 그리고 '이론 있는 실천'의 가능성을 보여 준다. 코즈모폴리터니즘의 시작은 거창한 집단으로부터가 아니라, 그 누구도 대체할 수 없는 개별적 고유한 얼굴을 지닌 한 사람 한 사람에 대한 연민과 배려의 시선을 나 자신뿐만 아니라 타자에 대해서도 가지라고 주장한다. 더 나아가서, 이 세계에 존재하는 사람들 한 사람 한 사람의 '얼굴'을 국적, 인종, 성별, 계층, 종교 등에 의하여 기계적으로 범주화하는 통계적 숫자나 복수적 집합체로서가 아니라, 한 사람 한 사람을 소중하고 존귀한 '동료 인간의 얼굴'로서 받아들이라는 '존재론적 상상력'을 활성화한다. 이러한 의미에서 코즈모폴리터니즘은 새로운 세계를 위한 변혁에 이바지하는 중요한 이론이며 동시에 실천이고 운동이라고 할 수 있다.

만약 코스모폴리니즘이라는 이론이 효과적인 '연장'처럼 누군가를 통하여 특정한 상황에서 그 기능을 잘 발휘하게 된다면, 그 이론은 지금 현실 세계reality나 반대로 순진한 이상적 세계ideality 안에 갇히는 것이 아니다. 오히려 그 두 축의 한가운데에 서서 새로운 세계에 대한 우리의 열정과 구체적인 작은 실천을 불러일으키게 하는 기능을 할 것이다. 더 나아가서 한 민족국가나 지리적 경계·성별·인종·종교·장애·성적 지향 등 경계를 넘어서는 정의·평등·평화의 세계에 대한 지속적인 '낮꿈daydream'을 꾸게 하는 중요한 인식론적 기제가 될 것이다. 21세기에 새로운 조명을 받는 담론으로써 코즈모폴리터니즘은 '나는 누구인가?' 그리고 '나는 어떠한 방식으로 타자와 관계 속에 있는가?'와 같은 근원적인 물음을 새로운 방식으로 조명하게 하고, 재개념화하게 한다. 그런 과정에서 지금 세계에서 벌어지고 있는 다양한 문제와 '나' 주변의 무수한 타자의 '얼굴'을 새로운 시선으로 보는데 중요한 단서를 제공할 수 있는 담론이 될 것이다.

코즈모폴리터니즘에 관한 관심은 지구화·전쟁·폭력·테러·생태 위기·난민 문제·가난과 기아 등 무수한 문제가 산재해 있는 이 21세기에, 주변부에 살아가는 사람들과 '함께-살아감'을 나누고자 그들을 동료 인간으로 보는 시선으로부터 출발한다. 그 시선은 한 사람의 인종, 국적, 성별, 종교, 성적 지향, 장애 등 다양한 종류의 사회-문화-정치적 경계들을 넘어서서 모든 사람을 고귀한 존재로 바라보는 것이다. 더 나아가서 그 개별인의 존재론적 평등성과 존엄성을 전적으로 긍정하는 연민과 따스함을 지닌 '코즈모폴리턴 시선cosmopolitan gaze'이라고 할 수 있다. 이러한 '코즈모폴리턴 시선'을 지니는 것이 코즈모폴리터니즘과 만나기 위한 첫 문을 여는 것이라고 할 수 있다.

인권 개념과 범주를 확장해야 하는 것은 21세기 우리가 직면하고 있는 긴급한 문제다. 코즈모폴리턴 시선을 배우고, 연습하면서 타자의 인간으로서 권리를 제도적으로 확보하고 보장하고자 연대하는 것은 무엇보다도 시급하다. 성 소수자, 난민, 장애인, 빈곤층, 저학력층 등 다양한 근거로, 또한 성차별, 인종차별, 종교 차별 등 다양한 종류의 폭력과 차별 때문에 세계 곳곳에서 한 인간으로서 보장받아야 할 권리가 침해되고 있다. 전쟁과 폭력으로 인한 살상과 고통은 곳곳에서 사람들의 인간으로서 권리를 위협하고 있다. 인권 개념과 범주를 확장해야 하는 이유다.

코즈모폴리턴 가치에 기초한 모든 인간의 권리가 보장되고 확산하기까지 우리가 가야 할 길은 멀고 멀다. 변화를 위해서 일하는 이들은 종종 내면적인 지적 패배주의에 빠지기 쉽다. 이루어져야 할 일들은 무한하지만, 할 수 있는 일들은 참으로 요원하기 때문이다. 그러나 인류 역사에서 일어난 다양한 변화는 이렇게 불가능한 것 같은 변화를 위해서 변화의 씨앗을

뿌린 이들에 의해서 가능했다. 변화는 매우 점진적이다. 그러나 지금 우리가 당연하게 누리는 권리가 과거 누군가가 뿌린 변화의 씨앗이 맺은 열매라는 것을 상기해야 한다. '작은 변화가 큰 차이를 만든다A small change can make a big difference'라는 모토를 기억하면서 내적 패배주의를 넘어서야 할 것이다.

## 제4장 인권과 평화

# 더불어 평화롭게 살 수 있을까?

정주진·평화갈등연구소 소장

　타인의 권리를 무시하고 자의적인 판단에 따라 차별하는 행위는 우리 주변에서 흔히 찾을 수 있다. 사회가 발전하면서 인권 의식이 높아졌고 누구든 존중받을 권리가 있다는 것이 사회가 공유하는 상식이 되었다. 그러나 현실에서 이런 상식은 차별적으로 적용된다. 사람들은 존중받을 자격이 있는 사람과 그렇지 않은 사람을 자의적 판단에 따라 구분하고 이런 저런 핑계를 대며 자신의 판단을 합리화한다.

　2022년 1월 12일 한 방송국 저녁 뉴스는 같은 아파트 단지인데 일반 분양 아파트(이하 일반아파트)와 공공임대 아파트(이하 임대아파트)가 눈에 띄게 구분돼 있는 사례를 보도했다. 한 아파트 단지는 다른 14개 일반 아파트 동과 일반 건물을 사이에 두고 임대아파트 한 개 동만 뚝 떨어져 있었다. 아파트 출입구와 지하 주차장도 구분되어 있었다. 일반 아파트에는 목욕탕, 헬스클럽, 도서실 같은 편의시설이 있는데, 임대아파트 주민은 그런 시설을 사용할 수 없다고 했다. 한 주민은 인터뷰에서 아이들을 데리고 갔다가 거절당했다고 말했다. 노인정도 사용할 수 없다고 했다. 다른 아파트 단지의 경우도 비슷했다. 벽과 계단을 기준으로 아래쪽엔 임대아파트 두 개 동이, 위쪽엔 일반아파트 15개 동이 있었다. 임대아파트 주민은 관리사무소가 일반아파트에 있어서 불편하다고 했다. 길 찾기 안내에는 일반아파트 출입구가 표시되어 있어서 배달하는 사람에게 항상 다시 설명해야 한다고 했다. 놀이터 시설도 일반아파트 것이 훨씬 좋다고 했다. 한 주민은 임대아파트라는 걸 꼭 알려야 하는 것처럼 두 개 동만 뚝 떨어뜨려 놓은 게 차별로 생각된다고 말했다. 하지만 "(우리가) 임대아파트에 사니까 그런가 보다 해야지 뭐"라고 말했다.

## 우리가 사는 세상의 인권 문제

2021년 마지막 날, 한 신문은 코로나19 상황을 틈타 제노포비아Xeno-phobia(외국인공포증)가 판친다는 기사를 냈다. 제노포비아는 이방인이나 이민족 집단을 혐오하거나 배척하는 것을 말한다. 우리 사회에서는 흔히 '외국인 혐오'로 해석한다. 기사 제목에는 "한국 이름 만들어 오라"는 말이 따옴표로 처리되어 있었다. 내용은 한 식당 주인이 베트남 유학생인 아르바이트 직원에게 국적을 손님에게 알리지 말라고 요구했다는 것이었다. 코로나19 때문에 외국인이라고 하면 손님이 별로 좋아하지 않을 거라는 게 이유였다. 그리곤 부를 때 티가 나지 않게 한국 이름을 만들어 오라고 했다는 것이다. 기사에 따르면 그 유학생은 차별이라고 생각해 일을 그만 뒀다.

2020년 초 한 태국 유학생이 한국에 와서 처음 식당에 갔는데 여권을 보여달라는 식당 주인의 요구를 받았다. 당황스러웠지만 당시는 전 세계가 혼란스러운 상황이었기 때문에 '한국에선 여권을 보여줘야 하는구나!'라고 생각했다. 하지만 세계 어느 곳에서도 식당 주인이 손님에게 여권을 보여달라고 하는 예는 없다. 그 학생은 당시 코로나19 진원지인 중국과 중국인에 대한 반감이 높았고 식당 주인이 그가 중국인인지 확인하고 싶었던 것으로 짐작한다고 했다.

이제는 방송에서 외국인을 심심찮게 볼 수 있다. 그들은 여러 면에서 제작진의 검증을 통과했기 때문에 시청자로부터도 인정받는다. 그들은 한국에 대한 좋은 인상을 열거할 준비가 되어 있고 시청자는 그들에게 호의적이다. 하지만 우리가 일상에서 마주하는 외국인은 대부분 이주노동자고 그들은 식당, 건설 현장, 농장, 공장 등에서 일한다. 많은 사람이 그들을 돈을 벌 목적으로 한국에 온 가난한 나라 출신 노동자로, 그래서 하찮게 대해도 되는 사람으로 여긴다. 그들을 이태원이나 학원가에서 볼 수 있는 외국인과도 구분하고 차별적으로 대한다. 돈을 벌기 위해 온 건 다 마찬가지고 그것은 세계화 시대에 자연스러운 일인데 말이다.

서울의 한 아파트 단지 동대표인 A씨는 같은 아파트 다른 동으로 이사하면서 경비원에게 이삿짐을 나르게 했다. 기자의 취재에 응한 한 경비원은 "우리 업무를 해야 하는데 노예처럼 일을 시키는 거예요. 우리 할 일이 아니라고 얘기도 못 해요. 그러면 잘리니까요. 그 사람이 경비들을 많이 자르고 그랬으니까…"라고 했다. 동대표인 A씨는 일 년 후에 경비원에게 자기 딸 이삿짐을 나르게 했다. 자기 텃밭을 가꾼다면서 경비원을 동원해 4~5일씩 일을 시킨 적도 있었다.

한 고등학교 3학년 담임선생님은 아주 엄격했는데 유독 미용이나 예체능 계열을 준비하는 학생이 자율 학습 시간을 방해한다고 눈총을 주곤 했다. 하루는 그 학생들 자리 주변이 더러운 걸 발견하고 화가 폭발해 학생 두 명을 복도로 불러내 머리채를 잡아서 바닥에 주저앉히고 등을 때렸다.

앞서 열거한 사례는 모두 인권 침해와 관련한 것이다. 타인의 권리를 침해하고, 강제와 억압으로 선택을 제한하며, 심지어 인간으로서 존중받을 기본 권리를 인정하지 않는 사례다. 이 사례는 인권 침해에 머무르지 않는다. 평화 연구 시각으로 보면 이것은 폭력의 사례다.

평화 연구에서는 인권 침해를 인간에 대한 폭력으로 이해한다. 폭력은 평화의 부재를 의미하며 그러므로 폭력은 반드시 규명되어야 하고 또한 제거해야 한다. 인권은 흔히 법과 규율에 따라 보장하는 것으로 이해하지만 평화 연구는 인권을 법과 규율을 넘어 평화 성취의 목표인 평화로운 관계와 공동체 형성을 위해 반드시 달성해야 하는 기본적인 조건으로 이해한다. 평화 연구는 인권 보장이 평화를 성취해가는 과정이자 불가피한 목적 중 하나로 본다. 평화 연구가 인권에 관심을 가지는 기본적인 이유는 폭력을 규명하는 데 있어서 피해자 인권을 언급하지 않을 수 없기 때문이다. 또한 피해자 일상과 관계를 회복시키기 위해서는 우선하여 인권을 보호하고 향상해야 하기 때문이다. 이런 점에서 본다면 인권 보호는 평화를 성취해가는 과정으로 이해할 수 있다. 그러므로 인권 보장은 평화를 이루기 위한 목표 중 하나가 된다.

## 인권 침해의 폭력이 발생하는 이유

폭력은 힘의 차이를 악용하는 데서 발생한다. 평화의 시각에서는 인권 침해를 인간에 대한 폭력으로 보기 때문에 평화의 시각으로 보면 인권 침해가 생기는 이유 역시 힘의 차이를 악용하기 때문이다. 사람들은 차이, 곧 서로 다름을 힘의 차이로 해석하곤 한다. 자신의 이익을 위해 적극적으로 힘의 차이로 강조하고 활용하는 경우가 흔하다. 한국인은 자신들이 외국인, 특히 한국보다 경제적으로 발전하지 않은 나라 출신 외국인과 이주노동자보다 당연히 힘이 있다고 생각한다. 그런 힘의 차이를 강조하고 악용해 인권을 침해하고 차별을 가한다. 일반 분양 아파트 주민은 자신과 공공임대 아파트 주민 사이에 경제력 면에서 분명한 힘의 차이가 존재한다고 생각한다. 그리고 그 힘을 이용해 자신이 원하는 주거 환경을 만들수 있다고 생각한다. 그로 인해 타인이 권리를 침해당하고 차별을 받는 것은 불가피하다고 생각한다. 일부 아파트 주민은 자신이 고용한 경비원을 자기 마음대로 부릴 수 있다고 생각한다. 노동자인 그들의 권리는 무시하고 힘의 관계만 강조한다. 이렇게 힘의 차이를 악용해 다른 사람을 억압하고 무언가를 하도록 강요하는 건 폭력이다. 우리가 흔히 인권 침해라 부르는 것은 폭력이다.

인권 침해는 한쪽이 다른 쪽 권리를 인정하지 않고 거부할 때 생긴다. 개인이나 집단의 권리를 거부하는 것은 상대적으로 힘을 가진 개인이나 집단만이 할 수 있는 일이다. 결국 인권 침해도, 그리고 인권의 거부도 힘의 차이를 자신의 이익을 위해 악용하는 데서 비롯한다.

개인과 집단 사이에서는 흔히 힘의 차이를 확인할 수 있다. 그리고 힘의 원천은 다양하다. 사람들은 나이, 정보, 교육 수준, 재산 수준, 인맥, 민족 배경, 국가 배경 등 다양한 것을 통해 힘의 차이를 확인한다. 사실 이런 점은 개인이나 집단의 정체성과 관련된 것이고 서로 다름을 말해주는 것에 불과하다. 그러나 많은 사람이 힘의 차이를 이용하려는 의도를 가지고 차이를 강조하고 강한 쪽과 약한 쪽을 구분한다. 힘의 원천이 다양하고 힘은 상대적이기 때문에 힘의 차이를 악용하려 한다면 누구나 다른 누군가에게 폭력을 가할 수 있다.

누구나 폭력을 가할 수 있다는 건 누구나 인권 침해를 가할 수 있다는 의미기도 하다. 힘의 원천이 다양해서 어떤 개인이나 집단도 절대적 약자거나 절대적 강자인 경우는 없기 때문이다. 누구나, 그리고 어떤 집단도 상대적 강자일 수 있고 자신보다 약한 개인이나 집단의 인권을 침해할 가능성이 있다. 인권 침해라고 거창하게 얘기해서 그렇지 조금이라도 더 힘을 가진 사람이 다른 사람의 권리를 침해하는 일은 매일 주변에서 찾을 수 있다. 후배의 점심 메뉴 선택권을 박탈하는 선배, 아이의 선택권을 거부하는 부모, 직원의 휴식 권리를 인정하지 않는 사업주, 구성원의 참여와 의견 개진 권리를 제한하는 마을이나 단체 등이 타인의 권리를 침해하는 예에 해당한다. 인권 침해가 이렇게 힘의 차이에서 생긴다면 인권을 생각할 때 가장 먼저 성찰해야 할 것 또한 힘의 차이와 악용이다. 각각의 개인과 집단에 주어진 힘을 당연한 것으로 생각하지 않고 비판적으로 성찰하고, 힘의 관계를 분석하며, 그것이 사소한 일에서 큰 문제까지에 미치는 영향을 따져봐야 한다. 평화의 시각에서 폭력을 일으키는 힘의 차이와 관계를 성찰하고 탐구하듯 말이다.

평화 연구는 인권 침해 상황에 민감하다. 평화의 시각으로 보면 그것은 곧 폭력이 발생했고, 그 결과 피해자가 생겼음을 의미하기 때문이다. 평화의 성취를 위해서는 당위적으로 폭력을 감소하고 제거해야 하며, 이것은 곧 평화가 인권 침해에 적극적으로 대응해야 하는 이유가 된다.

## 평화적 접근

많은 사람이 평화와 인권을 그냥 좋은 개념, 그리고 단지 단어만 다를 뿐 비슷한 것을 추구하는 것으로 생각한다. 인권이 보호되면 당연히 평화가 이뤄지고 평화가 이뤄지면 인권이 보호될 것이라고 단순하게 생각하기도 한다. 물론 가능성이 아예 없는 말도 아니고, 평화와 인권이 서로 대립하는 것은 더욱 아니다. 그러나 둘은 개념상 다른 것이기 때문에 두 가지 모두에 관심이 있고 특별히 두 가지 모두 추구한다면 차별점을 이해해야 한다.

평화와 인권의 기본적인 차이는 목표다. 평화는 개인 또는 집단 사이의 평화로운 관계, 그리고 그들이 평화로운 공동체를 형성해 평화롭게 공존하는 것을 목표로 삼는다. 독립적인 개인이나 집단의 평화는 다른 개인이나 집단의 평화로운 공존에 기반을 두고 있다. 인권은 개인이나 집단의 권리 보호와 보장을 목표로 삼는다. 한 사람이나 집단의 인권이 반드시 다른 사람이나 집단과의 관계에 기반을 두지는 않으며, 특별히 다른 사람이나 집단과 관계의 질이나 공존의 공동체를 만드는 것과 관련해 판단되지 않는다. 자신의 인권을 주장하는 사람에게 반드시 다른 사람과의 관계와 공동체에 대해 성찰하도록 요구하지 않는다는 얘기다. 인권의 시각에서는 다른 사람에게 심각한 폭력을 가한 사람의 인권을 보호하는 문제에 대해서도 원칙적으로 문제를 제기하지는 않는다. 물론 평화적 접근에서도 가해자의 인권을 보호하는 것에 원칙적으로는 문제를 제기하지는 않는다. 그러나 평화의 시각으로 보면 그 사람은 폭력의 가해자고 평화적 공존을 깬 사람이다. 그가 평화의 시각을 통해 제대로 평가받으려면 최소한 가해를 바로잡고 관계를 회복해야 한다. 다시 말해 평화를 위해 정의를 실현하는 과정을 밟아야 한다. 나아가 자신의 가해로 깨진 공동체를 회복하는 것에도 이바지해야 한다.

평화와 인권의 가장 중요한 차별점은 과정과 방식에 대한 것이다. 평화적 접근은 평화를 이루는 과정과 방식에 초점을 맞춘다. 결과는 과정과 방식으로 평가하며, 더 근본적으로 평화롭고 폭력이 없는 과정과 방식이 결국 평화를 성취하는 데 이바지한다는 게 평화의 입장이다. 따라서 평화적이지 않은 과정과 방식은 평화를 위한 절차로 인정받지 못한다. 평화의 성취라는 최종 목표를 향해 가는 도중에도 단계마다 평화적 공존의 성취에 주목하고 그것을 위해 노력해야 한다. 인권은 한 사람의 인권을 위해 다른 사람의 인권을 침해하지 않아야 한다는 것 외에 특별히 과정과 방식에 주목하지 않는다. 인권 보호 또는 보장이라는 목표에 초점이 맞춰져 있기 때문이다. 이 부분이 때로 평화와 인권이 충돌하는 지점이 된다. 앞에서 언급한 것처럼 인권이 평화를 성취해야 하는 중요한 이유 중 하나가 되고, 그래서 평화는 인권을 적극 수용한다. 그러나 평화는 인권을 성취하는 과정과 방식에도 평화적 과정과 방식을 적용한다. 다른 말로 인권을 성취하는 과정에서 평화를 거부하고 폭력을 승인, 묵인하거나 마지못해서라 할지라도 수용한다면 평화는 그런 과정을 인정할 수 없다. 특히 한 개인이나 집단의 인권을 실현하기 위해 관계나 공동체의 파괴를 외면하거나, 그런 절차와 내용을 승인 또는 묵인한다면 그것을 거부하고 다른 과정과 방식을 모색할 수밖에 없다. 평화의 궁극적 목표는 평화로운 공존과 평화로운 공동체이기 때문이다.

평화 연구는 기본적으로 평화의 부재 상황과 그로 인해 생긴 피해를 규명하는 데 초점을 맞춘다. 평화의 부재는 곧 폭력의 존재를 의미하며 피해의 발생은 곧 피해자의 존재를 의미한다. 이런 이유로 평화는 불가피하게 폭력에 관심을 가질 수밖에 없다. 평화 연구가 진짜 관심을 가지는 것은 폭력 그 자체를 넘어 폭력을 가져오는 피해, 다른 말로 피해자다. 이론적으로 가능하지 않은 것이지만 폭력이 피해자를 만들지 않는다면 굳이 평화 연구가 폭력에 관심을 가질 이유는 없다.

그러므로 평화 연구가 인권 침해를 다루는 방식은 피해자에 초점을 맞추는 것이다. 특히 주목할 것은 평화적 접근은 가해자의 인권에도 동등하게 관심을 기울인다는 점이다. 이것은 평화의 궁극적인 목표인 평화로운 공존을 위한 불가피한 선택이다. 나아가 관계와 공동체를 회복하기 위한 원칙적이고 전략적인 선택이기도 하다. 가해자와의 관계 회복, 가해자의 공동체 복귀, 구성원으로서 가해자의 역할 수행이 이뤄지지 않고는 평화로운 공존이 가능하지 않기 때문이다. 물론 이것은 가해자가 잘못을 인정하고 참회한 후 응당한 대가를 치른 후에 가능한 일이다.

평화 연구와 실행에 있어서 가장 중요한 것은 평화적 과정과 방법에 따른 폭력의 제거와 평화의 성취다. 과정과 내용에서 평화가 보장되지 않으면 정당성을 확보할 수가 없다. 현실적으로 평화를 외면한 과정과 내용은 폭력적일 가능성이 높고 결과적으로 폭력을 중단시키고 평화를 달성하지 못한다. 또 다른 중요한 것은 평화적 공존을 위한 관계와 공동체 및 사회의 회복이다. 회복은 폭력의 중단 후 자동으로 이뤄지지 않으며 별도의 노력이 있어야 한다. 평화 연구와 실행은 이것까지 포함한다. 그래야만 평화의 지속성을 담보할 수 있기 때문이다. 인권 침해라는 폭력을 다룰 때도 같은 원칙과 방식이 적용된다.

## 평화적 공존과 공동체의 조건

그렇다면 평화적 공존과 공동체의 조건은 무엇인가? 무엇보다 평화적 공존과 공동체의 조건을 충족시키는 접근이 인권도 담보할 수 있는가?

결론적으로 얘기하면 그렇다. 앞서 설명한 것처럼 인권은 평화를 성취해야 하는 중요한 이유 중 하나다. 이것은 곧 평화를 이루는 과정에서 인권이 거부되거나 배제되는 일이 있을 수 없음을 말한다. 더군다나 평화가 인권 침해를 폭력으로 본다는 것은 곧 평화가 인권 침해를 중단시키고 인권 보호와 보장을 추구해야 할 당위성과 기본원칙을 가지고 있음을 의미한다. 평화와 인권의 이런 관계는 인권이 때로 평화를 수용하지 않거나 조건부로 수용할 수 있지만 평화는 인권을 원칙적으로 수용할 수밖에 없음을 설명해 준다.

그렇다면 폭력이 제거되고 그 결과 어떤 인권 침해도 없는 평화적 공존과 평화로운 공동체를 위한 조건은 과연 무엇일까? 첫 번째 조건은 평화 민감성과 폭력 민감성의 형성이다. 개인이나 집단 사이의 관계에서든 공동체에서든 평화와 폭력에 대한 민감성이 있어야 평화로운 관계와 공동체가 만들어질 수 있다. 이것은 개인과 집단 차원에서 교육과 훈련을 통해 생각과 태도를 변화시킨 후에야 비로소 가능한 일이다.

두 번째 조건은 실천과 관련된 것으로 수직적 관계가 아닌 수평적 관계를 형성하고 그런 변화를 위해 참여를 독려하고 보장하는 것이다. 사람의 생각과 태도의 변화는 행동으로 이어져야 한다. 또한 개인의 변화는 공동체와 사회 전체의 변화로 이어져야 하고, 다른 한편 공동체와 사회 차원에서 그런 개인의 변화가 독려 되고 실행에 옮겨져야 실제로 평화로운 관계와 공동체에 이바지할 수 있다. 그런데 상하 관계와 위계질서를 강조하고 그에 따른 명령과 복종을 당연시하는 수직 문화는 수직적 관계를 강요하고 그 결과 폭력을 발생시킬 가능성이 크다. 참여의 독려와 보장은 그런 수직 문화와 수직 관계를 변화시키는 것에 이바지한다.

세 번째 조건은 평화적 방식, 즉 대화와 합의에 따른 문제 해결이다. 평화로운 관계와 공동체는 문제가 전혀 생기지 않는 것을 말하지 않는다. 문제나 갈등이 생겨도 서로 대화하고 해결 방식에 합의함으로써 해결하는 것을 말한다. 이것은 누구의 인권을 어떻게 보호 또는 보장할 것이냐는 문제와 관련해 개인이나 집단 사이에 충돌이 생겼을 때도 마찬가지다. 평화적 방식에 의한 문제 해결은 개인과 집단의 역량이 갖춰져야 가능하므로 중·장기적인 계획과 실행이 필요한 일이다.

네 번째 조건은 폭력을 예방하고 폭력이 생겼더라도 신속하게 공동 대응할 수 있는 역량과 체계의 형성이다. 이것은 곧 다른 말로 인권 침해의 예방은 물론 새로운 인권 문제가 제기되더라도 힘을 이용한 억압이나 강요가 아닌 문제를 공동의 논의와 대응 체계 속으로 수용하고 모두의 참여를 통해 접근하고 적극적으로 대응하는 것을 말한다. 또한 그런 대응을 개인의 선택이나 능력에 맡겨 놓지 않고 체계를 통해 지원하고 보장함으로써 모두에게 안전한 환경을 제공하는 것을 말한다.

마지막 조건은 평화 문화의 공유와 확산이다. 이것은 앞의 모든 조건을 포용하는 것과 동시에 앞의 모든 것을 가능하게 하는 것이기도 하다. 풀어 말하면 평화로운 관계와 공동체로 점진적 변화를 통해 단계적으로 평화 문화가 형성되기도 한다. 또한 의도적으로 평화 문화를 강조하고 문제가 생기지 않았을 때 확산시켜 나가면 문제가 생겼을 때 평화로운 공존과 공동체의 조건을 충족시키는 방향으로 문제를 해결할 수 있음을 의미한다. 무엇이 더 바람직하다고 단정할 순 없다. 그러나 평화와 인권이 함께 성취되고 그것에 근거한 관계와 공동체를 원한다면 평화 문화에 관심을 가지는 게 필요하고 빠를수록 좋다.

## 평화가 제안하는 인권 보호와 보장

인권은 누구나 당연하게 보장받아야 한다는 생각에 대부분 개인과 집단이 동의한다. 그러나 현실에서는 특정 인권 현안을 두고 다른 생각을 가진 개인이나 집단이 충돌하는 일이 자주 발생한다. 특정 문제와 관련된 권리를 어떻게, 어느 수준까지 보장해야 하는가에 대해서 이견을 가지고 있기 때문이다. 그런 이견이 때로는 심각한 집단 갈등이나 사회 문제로 확대하기도 한다. 또한 사회가 급속도로 변하면서 새로운 인권 현안이 계속 등장하고 참고할 기준도 없이 새로운 권리를 다뤄야 하는 일이 생기면서 다른 생각을 하는 사람들 사이에 이견이나 충돌이 생긴다. 이런 상황이 생길 때마다 사람들이 가장 바람직하다고 생각하는 것은 원만한, 다른 말로 평화로워 보이는 방식에 의한 문제 해결이다. 그러기 위해서는 관련된 이해당사자 사이의 심도 있는 논의, 공감 형성, 대화와 합의가 이뤄져야 한다. 구체적인 인권 보호 방식을 결정해야 할 때, 새로운 인권 문제가 제기됐을 때, 특정 인권 현안과 관련해 공동체나 사회 내에서 공감대를 만들 필요가 있을 때, 또는 한 개인과 집단의 인권 현안과 다른 개인과 집단의 인권 현안이 충돌할 때는 인권을 주장하는 것만으로는 충분하지 않은 것이다. 이런 상황에서는 오히려 어떻게 구체적으로 문제를 해결하고 관계와 공동체를 잘 유지할 것인지가 더 민감한 현안이 된다. 이때 고려할 수 있는 원칙과 방법이 바로 평화로운 문제 접근과 해결 방법이다. 인권 현안은 물론 관계와 공동체도 염두에 둔 접근과 방법이다.

평화가 제안하는 인권 보호와 보장 방식의 첫 번째는 파괴적 대립과 갈등이 아닌 평화적 방식, 다시 말해 관련한 모든 당사자가 참여해 대화와 합의로 인권 보호 및 보장의 내용과 방식을 결정하는 것이다. 두 번째는 관계와 공동체의 파괴를 초래하지 않는 인권 보호다. 이것은 인권의 배제나 철회가 아니라 충분한 논의, 공감대 형성, 상호 이해를 위한 계획적이고 장기적인 접근을 말한다. 세 번째는 새로운 관계, 공동체, 구조의 형성에 이바지하는 인권 보호다. 인권 문제가 제기되는 대부분은 상호 이해와 존중이 아니라 힘에 의존하는 관계, 공동체, 구조의 문제가 있다는 증거로 이해할 수 있다. 이런 경우 인권의 문제는 그런 비뚤어진 관계, 공동체, 구조를 변화시키는 과제와 함께 고민해야 한다. 그렇게 하지 않는다면 인권 현안을 다루는 것 자체가 힘들 뿐만 아니라 특정 인권 문제가 해결돼도 다른 인권 문제가 계속 제기될 것이기 때문이다.

마지막으로 제안하는 것은 평화로운 공존에 이바지하는 인권이다. 기본적으로 개인의 권리에 초점이 맞춰지지만, 인권은 다른 사람의 인권을 인정함으로써 완전하게 보장될 수밖에 없다. 그것은 다른 말로 평화로운 공존을 의미한다. 그런데 인권은 공존의 문제를 특별히 언급하지 않고 어떤 경우에는 의도적으로 평화로운 공존의 문제를 피하기도 한다. 그러나 평화로운 공존은 폭력이 없다는 전제를 하고 있고 그것은 곧 인권 침해가 존재하지 않음을 의미한다. 인권을 보호하고 보장해야 하는 당위성을 확보하는 것이다. 그러므로 인권과 함께 평화적 공존을 추구하는 것은 인권의 목표를 확장함과 동시에 인권의 지속성을 확보할 수 있는 가장 현실적인 방법이 될 수 있다.

## 평화의 목표, 평화로운 공존

평화는 아주 간단히 설명하면 폭력의 부재를 말한다. 폭력은 이론적으로 직접적, 구조적, 문화적 폭력으로 구분되며, 이 모든 폭력이 없는 상태를 평화가 성취된 것으로 본다. 평화는 성취된 수준에 따라 소극적 평화의 상태와 적극적 평화의 상태로 구분한다. 소극적 평화는 물리력을 이용해 신체에 가해지는 폭력이 존재하지 않는 상태를 말한다. 단어 자체로는 다소 부정적인 이미지를 가지고 있지만 사실은 인간이 누려야 할 최소한의 평화를 의미한다. 적극적 평화는 직접적 폭력은 물론 구조적, 문화적 폭력까지 없는 상태, 다시 말해 모든 폭력이 제거된 상태를 말한다. 소극적 평화는 적극적 평화로 가는 출발점이자 도약대가 되며, 적극적 평화는 평화로운 공존이 이뤄지고 지속하는 상태를 말한다. 대부분 사람은 이 지점에서 의문을 제기한다. 적극적 평화가 이뤄진 공동체나 사회가 존재하는가? 다양한 배경, 이익, 생각을 가진 사람들로 이뤄진 공동체나 사회에서 평화가 지속할 수 있는가?

평화의 성취가 가능한지 의심하는 건 타당하며 어떻게 보면 바람직하기도 하다. 그만큼 진지하고 치열하게 평화를 고민하는 것으로 해석할 수 있기 때문이다. 평화 성취에 대한 이해는 다른 각도에서 접근하면 훨씬 쉽게 이해할 수 있다. 평화는 본질적으로 결과보다 과정과 내용을 더 중요하게 생각한다. 그래서 평화의 성취는 제대로 된 과정과 내용이 꾸준히 실행됐을 때 동반되는 자연스러운 결과로 이해한다. 다르게 말하면 과정과 내용이 잘못되면 평화는 이뤄지지 않을 뿐만 아니라 혹시 이뤄진다 해도 그것은 한 번의 사건에 불과할 가능성이 높다는 것이다. 그래서 평화는 과정, 다시 말해 평화 성취를 위해 노력하는 과정이라고 이해한다. 그렇다면 이것은 완전히 평화가 이뤄진 공동체나 사회는 존재하지 않는다는 얘기인가? 꼭 그렇지는 않다. 현실적으로 평화가 완전히 이뤄진 큰 사회나 국가는 기대하기 힘든 것이 사실이지만 작은 조직이나 공동체에서는 충분히 가능한 일이고 실제 그런 곳도 존재한다. 그리고 그런 작은 단위의 공동체와 사회를 통해 큰 사회가 이뤄진다는 것을 생각하면, 큰 사회나 국가가 평화를 성취하는 것도 이론적으로 불가능한 것은 아니다.

평화의 궁극적인 목표는 평화로운 공존이다. '다름'이 약점이나 문제가 되지 않고 자연스럽고 당연한 것으로 취급하며, 나아가 '다름'의 존재로 인한 다양성이 공동체와 사회의 발전에 기여하고 삶의 문화를 풍성하게 만드는데 이바지하는 그런 공존을 말한다. 평화로운 공존을 이루기 위해서는 평화의 핵심 요소를 이해하는 것이 필요하다. 이것은 곧 공동체나 사회의 구성원에 대한 이해를 의미하며, 동시에 그들 사이의 관계와 상호작용에 초점을 맞추는 것을 의미한다. 곧 사람과 그들의 삶이 중심이 되는 평화를 성취하는 것을 의미한다. 핵심 요소를 이해하고 실행에 옮기는 수준에 따라 평화의 성취 수준 또한 가늠할 수 있다.

## 평화의 관계성, 공동체성, 지속성

평화의 핵심 요소에 대한 견해는 연구자에 따라 조금씩 다를 수 있다. 그러나 이후로 제시하는 핵심 요소를 배제해도 좋다고 동의할 평화 연구자는 거의 없을 것이다. 그것이 평화의 내용과 질을 규정하는 기본 잣대가 되기 때문이다. 핵심 요소는 세 가지로 정리할 수 있는데 바로 관계성, 공동체성, 지속성이다. 이 세 가지는 평화가 가치 지향적임을 드러냄과 동시에 평화 연구나 논의, 그리고 현실적으로 평화 성취를 위한 노력이 무엇을 목표로 삼아야 하는지를 말해준다. 동시에 다양한 사람들의 일상적 삶과 생존의 문제가 평화 연구 또는 평화 논의의 가장 중요한 현안이 되고 평화 성취의 필요성을 정당화한다는 것을 강조한다.

첫 번째 요소인 평화의 관계성은 평화의 본질과 통하는 것이다. 평화는 관계 속에서 규정하고 관계의 질에 따라 평화의 질을 규정한다. 이것은 평화의 부재를 초래하는 폭력 또한 관계 속에서 규정하고 평가될 수밖에 없음을 의미한다. 그래서 관계는 평화를 연구하고 폭력 제거의 당위성과 평화 필요성을 논하는 근거로 이해한다. 관계는 개인 사이의 관계, 개인과 집단 사이의 관계, 개인과 사회 구조 및 제도와의 관계, 집단 사이의 관계, 사회 사이의 관계 등 다양하다. 이런 각각의 관계에 어떤 폭력적 내용도 포함하지 않을 때 그 관계는 평화롭다고 본다. 소극적 평화의 경우 직접적 폭력이 없는 상태를 말하므로 서로 생존과 신체의 안전을 위협하는 일이 없을 때 소극적 평화의 관계가 형성됐다고 말할 수 있다. 억압적 구조는 물론 억압적 사회 구조에 자양분을 제공하는 문화적 폭력까지 없는 상태를 말하는 적극적 평화는 모든 개인, 집단, 사회가 어떤 폭력에 의해서도 희생되지 않으며 각 주체 사이에 수평적이고 상호 의존, 인정, 존중의 관계가 형성될 때 달성한다.

폭력을 초래하는 관계는 곧 힘의 관계를 말한다. 폭력적 상황에서 힘은 누군가 자신의 이익을 얻기 위해 사용하는 억압적 수단이 된다. 앞서 언급한 직접적, 구조적, 문화적 폭력에 적용해 본다면 신체나 도구를 이용한 우월한 물리적 힘, 지배적인 구조와 제도, 주류적 사상과 예술 등이 폭력을 가능하게 만드는 힘이 된다. 평범한 사람들의 일상적 상황을 고려한다면 상대적으로 우월한 교육, 수입, 건강, 인맥, 정보, 나이, 민족적 배경 등이 폭력을 가능하게 하는 힘이 된다. 그리고 어떤 개인이나 집단이 자신의 이익을 위해 그런 힘을 악용해 다른 개인이나 집단을 억압하고 특정한 것을 강요할 때 구체적으로 폭력이 발생한다.

평화의 관계성은 자연스럽게 두 번째 요소인 평화의 공동체성으로 이어진다. 소극적 평화든 적극적 평화든 평화가 추구하는 것은 평화로운 공동체다. 이것은 평화의 차별성을 말해준다. 즉, 평화는 주체들의 개별 상태가 아니라 공동의 상태에 따라 규정되고 평가됨을 의미한다. 공동체의 규모에 차이가 있을 수는 있지만 평화는 궁극적으로 공동체 안에서 독립적인 주체들이 평화롭게 공존하는 것이다. 이것은 공동체 내 구성원이 맺고 있는 다양한 관계가 평화로울 때 가능하다. 그러므로 공동체성은 관계성의 토대 위에서 형성되고 강화된다. 관계가 전제되지 않은, 다시 말해 독립적 주체들은 존재하지만, 그들 사이의 평화적 관계가 부재한 형식적 공동체성은 의미가 없다. 구조적, 문화적 폭력에 의해 왜곡된 공동체성이 강제로 부과되고 그로 인해 공동체 내에서 힘에 의존한 폭력적 관계가 형성되고 유지된다면 결국 평화의 공동체성 실현은 불가능해진다.

평화의 지속성sustainability은 평화가 일회성 사건이 아니라 근본적인 문제와 관계의 전환transformation을 통한 총체적 변화가 되어야 함을 의미한다. 특별히 평화의 지속성은 평화의 성취를 위해 어떤 과정과 방법을 선택할 것이냐에 지대한 영향을 미친다. 평화 연구는 평화의 지속성을 위해 사회 구성원 모두가 평화 성취 과정에 의미 있게 참여할 것을 주장한다. 이런 주장은 공동체나 사회의 일부 구성원만 참여하고 다른 구성원을 배제할 때 향후 폭력이 재발할 수 있고, 결과적으로 평화의 지속성을 담보할 수 없게 되며, 장기적으로 전체 구성원의 평화로운 삶을 해친다는 현실적 도전을 고려한 이론에 기초하고 있다. 참여의 대상에는 폭력의 가해자까지 포함한다. 이런 접근은 폭력의 가해자까지 포함한 모든 사회 구성원의 평화 자원화가 불가피하고 그래야 평화의 지속성을 담보할 수 있다는 인식에 근거하고 있다. 이런 접근이 애초 의도와는 다르게 피해자의 필요를 외면하고 과거로 회귀하는 위험한 결과를 가져올 수 있다는 우려가 있는 것도 사실이다. 그러므로 가해자까지 참여시키는 접근은 정의로운 결과를 담보하는 문제 해결 및 화해 과정의 정교한 계획과 실행에 의해서만 가능해질 수 있다. 또한 폭력의 중단 및 피해자의 필요에 답하는 단기적 노력, 때로는 지난할 수 있는 진실의 규명 및 화해의 과정, 구성원의 역량 형성, 참여 구조의 수립 등 중·장기적 노력이 결합한 통합적이고 전략적인 접근이 불가피하다. 무엇보다 평화로운 관계, 그에 기초한 평화로운 공동체, 그리고 평화의 지속성에 대한 구성원 사이의 합의가 이뤄져야 한다.

평화의 관계성, 공동체성, 지속성은 평화의 성취를 논할 때는 물론 폭력을 논할 때도 고려해야 한다. 인간 사회 안에서 발생하는 다양한 폭력은 개별적인 사건이 아니라 보이지 않는 상호작용 또는 연속성에 의해 관계의 단절과 공동체의 파괴를 야기하고, 그 결과 안전한 삶의 지속을 불가능하게 하는 연쇄적 상황을 만든다. 그러므로 폭력은 단편적인 접근이 아니라 폭력이 어떻게 상호 연결되고 폭력의 연속성에 의해 어떻게 관계와 공동체가 파괴되고 안전한 삶의 지속이 방해받는지 면밀하게 분석해야 제대로 이해할 수 있다. 나아가 폭력을 평화로 전환하는 과정에서 관계성, 공동체성, 지속성이 어떻게 다뤄지는지도 분석해야 한다. 평화 연구에서 폭력에 관한 탐구와 분석은 평화를 달성하기 위한 전제가 될 때 정당성을 가지게 된다. 그리고 그 정당성은 폭력을 평화로 전환하는 과정의 단계적, 궁극적 목표가 평화의 요소와 모순되지 않을 때 보장할 수 있다. 결국 폭력을 평화로 전환하는 것은 평화의 관계성, 공동체성, 지속성의 회복이다.[6]

## 평화교육의 필요성

많은 사람이 평화를 '추상적'이고 '이상적'인 그 무엇으로 생각한다. '평화'는 바람직하고 긍정적인 언어지만 대부분 사람은 평화가 구체적으로 무엇을 의미하는지 잘 이해하지 못하고 평화의 실현 가능성에 의문을 제기한다. 사실 평화는 아주 현실적이고 구체적인 현안이자 비전이다. 평화

---

6. 정주진(2013), "일상의 폭력과 녹색평화", 『녹색평화란 무엇인가』, 아카넷, 221~256쪽에서 자세한 내용 참고.

연구의 시작은 이 점을 잘 설명해준다.

평화 연구는 전쟁에 대한 탐구, 다시 말해 전쟁이 왜 생기는지, 전쟁은 과연 인간 역사에서 불가피한 것인지, 전쟁의 예방과 전쟁 없는 세상은 가능한지 등에 대한 의문에서 시작했다. 이런 질문은 1, 2차 세계대전과 그에 따른 막대한 희생을 겪으면서 일부 세계시민과 연구자에 의해 형성했고 구체적인 연구로 이어졌다. 1차 세계대전의 사망자는 약 1천 7백만 명(당시 세계인구의 약 1%)이었고, 2차 세계대전의 사망자는 약 5~7천만 명(당시 세계인구의 약 2~3%)으로 집계됐다. 세계의 정치, 경제, 사회 기반을 파괴한 전쟁의 영향은 충분히 현실적이었다. 그러나 세계대전 이후 체계적으로 진행된 평화 연구는 전쟁의 문제에만 집착하지 않았다. 전쟁의 부재가 곧 평화 성취를 의미하지 않고, 사회의 구조적 폭력까지 제거해야 사회적, 개인적 평화가 성취될 수 있음에 주목했다. 1960년대 이후 평화 연구는 자연스럽게 전쟁과 무기뿐만 아니라 폭력적 사회와 문화에 대한 탐구와 폭력 제거 노력까지 포함하게 됐다.7

21세기 평화 연구가 관심을 가지는 주제는 다양하다. 국가 간 전쟁과 내전은 물론 전쟁 후 사회와 국가 재건, 빈곤과 구조적 폭력, 참여에 의한 사회 변화, 구호개발과 평화세우기peacebuidling, 지구온난화 및 기후변화와 기후정의, 시민의 역량 형성capacity building, 갈등 후 사회의 평화세우기peacebuilding in post conflict societies 등이 주요 주제가 되고 있다. 핵심 논의와 담론은 정의로운 평화just peace, 누구의 정의와 평화인가? Whose justice and peace?, 상향식 접근bottom-up approach, 관계와 공동

---

7. 정주진(2015),『평화를 보는 눈』, 개마고원, 38~51쪽.

체 등에 맞춰져 있다. 이 모든 연구 주제와 논의의 중심에는 폭력과 폭력이 초래하는 피해, 다시 말해 피해자와 그들의 안전한 삶의 복구 및 지속, 관계의 회복과 평화적 공존이 자리 잡고 있다. 평화 연구의 관심과 목적의 중심에는 언제나 폭력의 피해를 보는 사람들이 있다. 피해를 외면하는 평화 연구는 의미가 없다.

평화가 관심을 가지는 것은 아주 현실적이고 가시적인 문제다. 그 문제는 삶을 파괴하고 삶의 질을 저하하기 때문에 시급하게, 그리고 불가피하게 다뤄져야 하는 문제다. 그러나 그런 문제를 세계, 사회, 공동체의 현안으로 만드는 것조차 쉬운 일이 아니다. 우리가 사는 사회와 세계는 다양한 관심을 가지고 각자의 이익을 추구하는 수많은 개인과 집단으로 구성돼 있기 때문이다. 심지어 인도적, 윤리적으로 당연해 보이는 폭력의 존재와 그로 인한 피해의 인정, 그리고 폭력의 제거와 피해의 중단 및 삶의 회복에 대한 동의를 얻는 것조차 쉽지 않다. 그래서 필요한 것이 평화교육이다. 폭력의 제거와 평화 회복 및 평화적 공존의 세계, 사회, 공동체를 만들기 위해 공동의 이해와 동의를 시도하는 작업이 필요한 것이다.

평화교육은 가치, 태도, 행동의 변화를 목표로 삼는다. 불가피하게 가치 지향적인 교육이 될 수밖에 없지만 평화의 가치를 강요하거나 주입하는 것은 평화교육의 목표가 아니고, 그런 방식의 교육은 평화교육이 될 수 없다. 평화교육에는 어떤 종류의 폭력도 포함되지 않아야 하며, 평화교육자는 평화의 가치, 태도, 행동에 근거해 학습자와 평화로운 방식으로 교감하고 상호 배움의 과정을 만들어가야 한다. 이것은 평화가 과정에 초점을 맞추며 과정이 평화로울 때 비로소 평화가 달성될 수 있다는 이해에 근거하고 있다. 이런 이유로 평화교육은 학습자의 수준과 특성에 맞춰 만들어지고 다양한 방식을 통해 실행한다. 학습자의 이해와 개념 정리를 돕기 위해 다양한 활동, 분석, 토론 작업 등이 포함되는 것이 일반적이다. 이런 평화교육의 궁극적 목표는 학습자를 포함한 모든 사람의 평화로운 공존이다. 이 목표를 달성하기 위해 평화교육은 평화와 폭력의 이해, 폭력 제거 노력, 피해자 삶의 복구는 물론이고 사회와 공동체의 회복을 위한 가해자의 변화, 그들의 사회와 공동체로 복귀까지 광범위한 내용을 다룬다.

# '지문'-이 시대, 우리의 도시와 건축

승효상·건축가, 이로재 대표

도시에 초고층으로 솟은 건물을 마천루摩天樓라고 부른다. 스카이스크 랍퍼skyscraper 라는 영어로도 그 뜻이 똑같은 이 단어의 직설적 뜻은 참으 로 오만하기 그지없다. 얼마만큼 자신 있기에 하늘을 닦을 정도인가? 염원 이었을까? 그러하였다. 저 높은 하늘 끝에 도달하겠다는 인간의 의지는 지독한 숙명이었다.

인간은 태어나자마자 서서 걷기를 원한다. 우리를 다른 동물과 구별하 게 하는 이 직립의 의미는 중력의 순리를 거역한다는 것이다. 모든 만물은 땅으로 떨어질 수밖에 없다는 만유의 질서를 거스르면서 높은 곳에 도달 하려고 하는 의지가 인류 역사의 시작이며 문명의 출발이었고, 그 결과의 기록이 기술의 발달사였다. 그러나 그러한 성취를 얻기 위해서는, 우리는 항상 엄청난 대가를 치러야 했다.

피터 브뤼겔의 「바벨탑」(1563).

　기술이 발달하지 않은 시대에 높이 짓는다는 것은 결코 쉬운 일이 아니었다. 바벨탑처럼 곧잘 무너질 수밖에 없었으므로, 높이에 대한 대리만족으로 탑이라는 건축물이 등장한다. 탑은 스투파Stupa라는 산스크리트어에 그 어원을 두는데, 이 스투파는 원래 부처의 진신사리를 보존하는 건축물이었다. 부처의 귀한 진신사리인 만큼 그 보관을 위한 건축도 일반 건축과는 구별할 필요가 있었으며, 이는 중층으로 높이 지어야 마땅하다. 그러나 그렇게 하기 위한 기술적 여건이 부족한 시대였으므로 그를 대체하게 만든 게 일반 건축물을 작은 크기로 줄여서 만든 탑이다. 그래서 우리나라 사찰의 마당 한가운데 서 있는 그 탑들은 거의 석재로 만들었지만 대개 다층의 목조구조 형식을 본뜬 미니어처의 건축물이며, 결국 이 탑은 고층 건물임을 강변함으로써 그에 합당한 위엄의 지위를 받으려 한 것이다. 더구나 이 탑은 높이에 따라 비례적으로 크기를 달리 만들어 투시도법으로 더욱 높게 보이도록 만들었으니, 높이 오름에 대한 간절한 열망은 지역과 시대를 떠난 인류의 본능이었다.

## 고딕과 르네상스 건축

이 인류사적 열망을 해결한 시대가 바로 고딕 시대였다. 고딕 시대는 모든 건축 역사 중에서 로마 시대와 더불어 가장 놀라운 기술적 성취를 이룬 시대이다. 건축에서 기술의 문제는 내부 공간을 형성하는 것이 첫 번째 과제인 바, 이는 내부 공간을 만들 수 있는 가장 중요한 요소인 지붕을 중력에 저항하여 올려 지탱시키는 것이 관건이었다. 기술이 없었던 고대의 건축일수록 내부 공간의 크기가 작고 창문도 낼 수 없었다. 좀 특별한 건축을 짓기 위해 보다 높이 지으려 하면 그 벽의 두께는 간혹 방의 크기보다 더 커야 했다. 그러나 고딕인들은 버트레스와 프라잉거더라는 특별한 구조방식을 고안해 냄으로써 이제는 시간과 재물만 있으면 얼마든지 하늘로 올라갈 수 있었다. 인간에게 줄곧 절망스러웠던 높이의 문제를 바야흐로 해결한 시대였으니, 이로써 신본주의 건축이라는 별칭을 갖게 된 고딕 건축은 그야말로 하이테크의 건축 시대라고 할 수 있다.

신성을 획득한 듯한 고딕의 인간이 도달하는 다음 단계는 당연히도 자존의 문제였을 게다. 그래서 르네상스의 시대가 오게 된다. 간혹 휴머니즘의 시대로도 불리는 이 르네상스 시대의 인간은 오늘날 우리가 알고 있는 개념의 인간류가 아니다. 당연히 노예는 인간의 분류에 들지 못했으며 특권 계급을 갖는 소수의 부류만이 인간의 지위를 획득하는 것으로 인정되었으므로 르네상스의 건축은 소수의 권력자만을 위한 것이었다.

르네상스가 도취한 중심성에 대한 문제는 건축에 국한한 것이 아니었다. 예를 들어, 베네치아 남부에 건설한 팔마노바Palmanova라는 도시구조를 보면 그 중심성의 개념이 더욱 극명하다. 주변은 죄다 적으로 간주하였으므로 그들의 침입을 막고자 도시의 둘레에 해자를 파고 그 안에 높은 성벽을 두른다. 3개의 성문을 통해 내부로 들어오면 길들은 모두 중심부의 한 점을 향해 집중되면서 방사형의 가로망을 만들고, 그 중심에는 가장 신분이 높은 이가 거주하여 이 모든 세계를 관장한다. 이른바 단일중심의 도시구조를 이루고 있다. 물론 이 중심에서 멀어질수록 계급은 낮고 신분도 미천하다. 철저히 위계적이며 분파적이다.

이런 계급적 도시는 팔마 노바만이 아니었다. 르네상스인들은 이런 단일중심의 도시를 이상도시u-topia라는 이름으로 유럽의 방방곡곡에 경쟁적으로 건설하였다. 근대에 이르러 성벽은 붕괴하여 그 성벽이 있던 가로는 불바드Boulevard라는 큰 도로로 남았지만, 중심적 구조를 강조하는 그런 도시의 모습은 오늘날에도 여실히 볼 수 있다.

## 중심과 위계와 축 강조하는 다이어그램의 도시

이 이상 도시는 서양인 관념의 산물이었다. 어원적으로도 유토피아

VTOPIAE INSVLAE FIGVRA

토마스 모어의 「유토피아」 1516.

는 상상할 수 있지만eu-topos 존재하지 않는ou-topos 도시라고 한다. 즉, 머릿속에서 창조된 이 도시는 하나의 사회조직을 위한 다이어그램일 뿐이었지만, 그들은 그 다이어그램을 즉물적으로 현실화한 것이다. 다이어그램을 완성한 후, 도시를 건설하기 위해 땅을 찾는 그들에게 적합한 곳은 평지이다. 자연은 정복의 대상일 뿐이어서 만약 거추장스러운 자연 지형이 있으면 평탄하게 만들어야 했고 물길이 있으면 돌려서 기하학적 구성으로 바꾸어야 했다. 기존 땅의 야생적 모습은 사라져야 하는 것이다. 변질한 땅 위에는 오로지 중심과 위계와 축이 강조된다. 이는 완벽한 다이어그램의 도시였다.

정신적 자유를 획득하게 한 프랑스 시민혁명과 물질적 자유를 가져다준 영국의 산업혁명으로 잉태된 근대의 도시는 인구의 폭발적 증가로 새로운 도시 질서가 필요하였다. 이에 따라 새로운 비전을 제시하는 수많은 새로운 도시계획이 쏟아져 나왔다. 그러나 이 모든 근대적 도시에서도 위계적 중심적 도시구조는 여전히 중요한 개념으로 유지되었다. 도시를 도심과 부도심, 변두리로 나누는 것도 그렇고, 붉고 푸른 칠을 하여 주거지역, 상업지역, 공업지역으로 구분하는 것도 그러했다. 과학적 통계수치를 들이대며 이성과 합리를 내걸지만, 마스터플랜이라는 이름을 갖는 이 도시의 그림도 르네상스의 이상 도시와 같은 다이어그램이었으며, 새로운 이상 도시의 꿈을 성취하기 위해 그 그림에 동원된 주된 단어는 효율성과 합리성, 기능과 속도였다. 땅의 윤리? 이들에게 이 단어는 생소하였다.

## 건물공동체뿐인 불구의 신도시

문제는 서구에서는 이미 폐기된 듯한 이런 마스터플랜이 우리 고유의 땅을 짓밟기 시작한 것이다. 서구의 마스터플랜은 그래도 도시에 대한 목표가 있었고, 오랫동안 도시공동체를 건설해 온 전통과 사회구성에 대한 치열한 담론을 통해 잉태된 것이다. 그러나 철저히 정치 권력과 자본 권력이 야합해서 만든 우리의 신도시들은 이 마스터플랜을 전가傳家의 보도寶刀처럼 여기며 맹종하여 이 땅을 개조한 결과였다. 신도시가 들어설 땅에는 고유한 수많은 역사가 담겨 있었건만 철저히 무시당해야 했다. 아니다. 기존의 흔적은 거추장스러웠으므로 지워져야 했다. 오랜 삶의 터는 그 속에 구축된 건축과 함께 순식간에 사라져야 했으며, 산이 있으면 깎고 계곡이 있으면 메우고 물길은 왜곡되어야 했다. 그러나 우리는 이걸 새 역사의 창조라고 기뻐했다. 물론 공동체에 대한 어떤 함의도 존재하지 않았다. 오로지 선거공약으로 내건 공급물량의 목표를 그들의 임기 내에 달성하는 게 절대 과업이었으므로, 숫자와 단위만이 정의였다. 이것은 애초에 도시가 될 수 없었다. 그냥 부동산 집적체일 뿐인, 불구의 도시였다.

그런데 이런 도시는 실패해야 함이 마땅하며 그 또한 한 번만으로도 아주 족한데, 이런 신도시들이 부동산 가격의 상승으로 입주민을 잠시 행복하게 하자 이 집단들은 전국적으로 등장하게 된다. 그것도 똑같은 방법으로 지어낸 이 도시들은 그래서 어디가 어딘지 분간할 수도 없다. 그야말로 사회공동체civitas는 없고 건물 공동체urbs뿐인 괴집단이 온 국토를 짓밟듯 점거한 것이다.

미국의 프루이트-이고(Pruitt-Igoe) 주거단지, 1957~1972. 1972년에 발파하고 완전하게 철거함.

더 큰 문제는 그렇게 신도시들을 만드는 일에서 그치는 것이 아니라 우리가 오랫동안 살아왔던 옛 도시들을 재개발, 도시정비사업이라는 이름으로 죄다 그렇게 터무니없이 뜯어고친다는 데 있다. 우리의 옛 도시들이 가진 땅의 논리가 서양인이 만든 다이어그램적 마스터플랜과는 사뭇 다름에도, 건축은 한갓 사고파는 부동산으로 굳게 믿게 된 현대의 한국인에게, 우리의 옛 도시와 건축은 버려야 하는 구악일 뿐이었다.

## 미학보다는 윤리를

21세기가 시작된 2000년 베니스 국제건축비엔날레에서는 전체 주제를 '미학보다는 윤리를Less Aesthetics, More Ethics'로 정하여 발표하였다. 나는 다소 놀랐다. 서양 건축사에서 오랫동안 윤리라는 단어를 본 기억이 없기 때문이었다. 윤리라는 것은 나와 남과의 관계에서 비롯하는 것일진대, 스스로 존재 방식이 주요한 목적인 서양 건축에서 윤리는 생소할 수밖에 없는 단어였다.

이는 오히려 우리 선조들에게는 필수의 법도였으니, 우리 선조들은 건축할 때 먼저 땅과 건축 사이의 윤리를 따졌고, 건축과 건축의 윤리를 따졌으며, 건축과 사람 사이에 존재하는 관계를 따졌다. 노동을 뜻하는 건축建築이 아니라 가꾸어서 만드는 영조營造라고 했으며, 집은 그냥 물리적으로 세우는 게 아니라 사유의 과정을 통과해서 짓는다고 했다. 그게 모든 건축술의 첫째 요강이었다. 그래서 우리의 건축은 자연과 조화하고 주변과 조화하며 인간과 조화하고 전체가 조화한 풍경을 그렸다. 그러나 조화보다는 언제나 지배와 복종을 강조한 서양 건축이 드디어 새로운 시대에 즈음하여 새로운 패러다임을 찾고 있었다.

서양의 문화에서 중요한 지점을 차지하는 르네상스 이야기를 투시도라는 그림으로 또 거론해 보자. 이 투시도는 르네상스 시대의 건축가 브루넬레스키Filippo Brunelleschi (1377~1446)가 만든 그림 방법으로 이 그림에 나타나는 모든 사물과 공간은 한가운데 서서 관찰하는 사람의 눈으로 소실되어 들어오게 된다. 다시 말하면, 수많은 앵글로 표현할 수 있는 세계지만 투시도에서 표현되는 단 하나의 앵글에 잡힌 공간은 투시도법에서 SP점standing point 이라고 부르는 이 점에 있는 사람만이 볼 수 있는 그림이다. 이 점을 벗어나면 그림 속의 공간은 존재하지 않게 된다. 즉, 다른 이와 공유할 수 없는 세계를 그린 그림이 투시도라는 것이다. 라파엘로 Sanzio Raffaello(1483~1520)가 그린 「아테네 학당」을 보면 비록 SP점에 사람은 그려져 있지 않지만, 그 불후의 명작도 철저히 투시도법을 따랐으므로 모든 선이 그 보이지 않는 사람의 눈으로 소실된다.

단 한 사람만이 볼 수 있는 세상, 이런 세상을 보는 방법이 투시도요, 르네상스인들이 사물을 보는 주관적 이치였으며, 서양인의 중심적 세계관에 지대한 영향을 준 정서였다. 작가이며 미술평론가인 존 버거 John Berger(1926~2017)는 그의 저서 『다른 방식으로 보기 Ways of Seeing』에서 투시도라는 산물이 우리가 얼마만큼 세상을 왜곡되게 보게 하는가에 대해 통박했으며, 요절한 미국의 대지 미술가 로버트 스미슨 Robert Smithson(1938~1973)은 이를 작품화까지 하면서 이 왜곡된 세계관을 질타했다.

## 평등함을 믿는 이슬람의 도시

그렇다면 이런 방법 외에 사물을 그리는 수단이 있을까? 이 질문에 참으로 다행스럽게 우리의 선조가 답을 했다. 19세기에 그려진 민화 중에 「책거리」라는 종류의 그림을 보면 이 책장의 공간이 하나의 소실점으로 귀결되는 것이 아니라 책장의 각 칸마다 나름의 소실점을 가지고 있음을 볼 수 있다. 그뿐만 아니라 각 칸에 놓여 있는 사물마저 그 칸의 소실점을 따르지 않고 제각각 다른 소실점을 만들고 있다. 놀랍다. 그림이란 표현의 대상이 그리는 이의 사고 과정을 거쳐 재현되는 것임을 상기할 때, 이 「책거리」라는 그림을 그린 이름 모를 화가는 적어도 모든 만물은 제 나름대로 중심을 가지고 있다고 믿는 이 일게다.

확대하면, 이 화가는 단일중심의 세계를 믿지 않는 이이며, 우리가 사는 세상은 모든 사람이, 모든 사물이 모두 중심이 되어야 한다고 믿는 인물이다. 그렇다. 우리가 민주주의를 신봉한다면 우리가 사는 도시와 건축이 그렇게 그려져야 하지 않을까? 그것이 바로 다원적 민주주의의 도시이다.

마스터플랜으로 표현되는 서양식 현대도시는 다원적 민주주의의 도시와는 그 궤가 다르다. 도시의 주축이 있고 중앙로, 중앙공원, 중앙광장, 중심상업지역 등 계급과 분류를 위한 단어가 난무하는 도시는 기본적으로 중세 봉건적 도시의 틀에서 벗어나지 못한다. 그렇다면 그렇지 않은 도시는 어딘가. 사실 우리의 도시에 관한 생각이 서양의 도시 위주로 짜인 도시역사관에서 벗어나지 못하여 그렇지, 우리의 시야를 넓히면 세상에는 수없이 다양한 종류의 사회공동체를 갖는 도시가 존재하고 있음을 금세 알게 된다. 그 중 대표적인 것이 페즈Fez 혹은 마라케시Marrakesh 같은 모로코의 도시들이다.

이들은 알라 아래 모든 이들이 평등함을 믿는 이슬람의 도시이다. 이 도시들의 공중사진을 보면 'ㄱ'자, 'ㅁ'자의 집이 벌집처럼 붙어있는데, 그 사이를 실핏줄 같은 도로가 미로를 형성하며 전체 도시를 조직하고 있는 것을 볼 수 있다. 크고 작은 차이가 조금씩은 있지만, 서로가 서로에 대해 평등한 구조를 갖는 집이 집합된 이 도시 어디에도 중앙공원이나 중앙광장 같은 중심을 뜻하는 장소가 없으며, 도시의 축도 존재하지 않아서 주작대로도 없고 상업지역, 주거지역 같은 구분도 없다. 도로는 대체로 좁고,

다소 넓은 곳은 공공의 집회장이 되거나 노천시장이 되기도 한다. 작은 집 몇 채와 공공시설이 모여 최소 집합 단위를 이룬 후, 이 단위들이 땅의 높낮이에 따라 스스로 적응하며 수많은 단위 군을 이루어 도시를 구성하고 있다. 그래서 이 도시를 보기 위해서는 전체를 보지 않아도 된다. 작은 조직 하나만 보면 그게 전체라고 여겨도 족하다. 즉, 작은 단위조직 하나가 없어도 그만, 더해져도 그만이다. 이 도시는 서기 8세기에 건설되기 시작하여 무려 천이백 년이 지난 오늘날까지 건강한 도시공동체를 지속하고 있다는 데에 주목할 필요가 있다. 비록 오래전에 지어 이미 천 년을 넘은 도시지만, 이 도시가 바로 다원적 민주주의의 도시 모습의 실체 아닐까.

## 건축의 보물창고였던 금호동 달동네

사실은 페즈나 말라케시만이 그런 도시가 아니다. 주로 건축가나 도시계획가가 개입하지 않은 건축가 없는 건축과 도시들이 대개 그런 유의 것들이다. 멀리 갈 필요도 없이 우리 주변에도 즐비한데 바로 달동네라는 곳이 그러하다.

지금은 없어졌지만 내가 즐겨 가곤 했던 서울의 금호동 달동네는 나에게는 건축의 보물창고였다. 비록 경제적 약자로서 질박한 삶을 사는 이들의 공동체지만, 그들은 모여 사는 법을 알았고 나누며 사는 지혜를 그대로 건축화하였다. 비탈진 지형은 그대로 공간화되어 기기묘묘한 건축형식을 낳았으며, 드라마틱하게 펼쳐지는 길은 통행의 목적만이 아니라 공동체의 마당이 되어 때로는 집회장으로, 때로는 놀이터로, 때로는 휴게소로 시시때때로 변용되며 이들의 삶을 굳건히 묶고 있었다. 남루하지만 검박한 건물은 한꺼번에 지은 것이 아니어서 이들을 통해 지난 삶의 기억을 반추할 수 있는 화석이었다. 에게해 산토리니섬의 백색 주거지를 누가 하늘 아래 가장 아름다운 동네라 했던가? 나에게는 금호동 달동네가 그보다 삶의 진정성 측면에서 훨씬 애틋하고 아름다웠다. 그것은 땅이 빚은 건축이었다. 나는 이를 '빈자의 미학'이라는 말로 전체를 묶어서 내 건축의 화두로 삼았다.

그러나 서울의 산비탈마다 있던 그런 동네는 재개발이라는 시대의 위선에 낱낱이 찢기고 그 자리엔 콘크리트 더미의 깡패 같은 건물들이 자리 틀어 앉아 부조화하고 말았다.

우리 말 '터무니'라는 단어는 직역하면 '터에 새겨진 무늬'라는 뜻이다. '터무니없다'라는 말은 근거 없고 이유가 없음을 뜻한다. 놀라운 의미이다. 적어도 우리 선조가 가진 삶에 관한 생각은 근본적으로 땅에 새겨진 역사와 긴밀한 관련이 있다는 말이다. 따라서 터무니없는 삶이란 땅과 무관한 삶이다.

땅과 무관한 삶은 유목적 삶이다. 그래서 그런가? 우리에게 건축과 집이란 문화 형태나 가족의 정체성을 나타내는 가치가 아니라 팔고 사는 부동산적 물건으로 전락한 지 오래되었다. 그래서 우리는 더 많은 재화를 축적하기 위해 이 집 저 집을 옮겨 다니는 도시의 유목민적 삶을 산다. 하이데거 Martin Heidegger (1889~1976)는 '인간은 정주하므로 존재하며 시적詩的인 자만이 정주할 수 있다'라고 했다. 정주한다는 것은 땅에 삶의 흔적을 남기는 일이며 기억을 적층하는 과정이다. 그러나 우리에게 땅에 남겨진 기억은 새로운 역사를 창조하기 위해 사라져야 하는 폐습이고 구악이었으므로 우리는 항상 기억상실을 강요받았으며, 따라서 우리 모두 터무니없는 삶을 산다. 과거란 지나가서 있는 것일진대 그냥 지나간 것으로만 안다.

## 땅 위에 새겨지는 역사의 아름다움

아도르노Theodor Wiesengrund Adorno(1903~1969)는 '문화풍경Kult-urlandschaft'이라는 단어를 만들어 쓰면서 땅에 새겨지는 역사의 아름다움에 대해 다음과 같이 이야기했다.

랜드스케이프의 의미를 땅과의 엄격한 관계에서 떠나 도시성에 대한 이해의 전통 속에서 해석할 때만이 과학적 한계와 범주 너머에 놓여 있는 실체를 발견할 가능성이 있을 것이다. ⋯ 아마도, 문화풍경이 가지는 가장 깊은 저항력은 부득불 미학적으로 표현되는 역사이며, 그 역사는 과거의 실제적 고통으로 각인된 것이기 때문이다. ⋯ 역사적 기억 없이는 아름다움도 없을 것이다. 과거와 그 과거와 같이 있는 문화풍경은 명백히도 우리의 휴머니티와, 특히 종파주의로부터 우리를 자유롭게 한다.

땅 위에 각인된 역사 ⋯ 그게 우리를 진실하게 하는 풍경이라는 것이다. 역사의 흐름이 정지된 폐허는 화석화된 근사한 문화풍경이다. 『폐허의 필요성The Necessity for Ruins』이라는 책을 통해 고전적 풍경의 의미를 현대에서 더욱 확장한 잭슨John Brinckerhoff Jackson(1909~1996)의 말은 문화풍경의 의미를 더욱 증폭시킨다. 그가 쓰길, '폐허는 복원을 위한 단서를 제공하기도 하며 또 원형으로 복귀하게도 한다. 낡은 질서는 새롭게 탄생하는 풍경을 위해 사라져야 한다. … 역사는 존재하기 위해 중단되는 것이다.'

## 사라지는 기념탑

1986년 독일 함부르크 근교의 하부르크Harburg라는 곳의 작은 광장에 파시즘에 대한 저항을 기념하기 위해 요헨 게르츠Jochen Gerz (1940~ )라는 작가의 당선안으로 기념탑이 세워졌다. 사방 1m의 정사각형에 높이 12m의 단순한 형태로 설계되었지만, 그가 제시한 놀라운 개념은 1년마다 2m씩 땅속으로 침하하여 종국에는 소멸하도록 이 탑을 계획한 것이었다. 기념탑이란 어떤 사건을 기억하도록 영구불변을 목적으로 솟은 구축물이다. 그러나 여기에서 그 탑은 사라지는 것이었다. 하부르크 시민은 이 탑이 꺼져 들어가는 동안 그 탑의 표면에 파시즘으로부터 받은 박해와 고통을 낙서로 기록하곤 했다. 모든 슬픈 기억이 그 투박한 탑 위에 새겨지면서 그 고통은 그들의 몸에서 떨어져 나와 땅속으로 파묻히고 있었다. 정확히 6년 후인 1992년 이 탑은 완전히 땅속으로 들어가 소멸하고 그 땅 위에는 그 탑이 있었다는 기억만 남았다. 그리고 하부르크 시민은 화해하고 용서할 수 있었다.

건축가 민현식(1946~)은 '우리 사회 전체를 지배해 온 정치적 권력, 종교의 힘 또는 무형의 권력인 자본의 위력들이 드러내는 기념비적 건조물

들은 이제 새 시대에는 사라져 주어야 한다'라고 했으며, '땅의 조건에서

요헨 게르츠의 '사라지는 기념탑', 1986.

도출된 형상이 하나의 인자가 되어 주변과 합일된 풍경을 이루는 것, 인간
과 자연에 대한 윤리, 이러한 정신은 바로 변화, 전체보다는 개체의 정체
성, 일상의 회복을 속성으로 하는 새 천 년의 시대, 다중심 다원화의 시대
적 가치로 고양되어야 한다. 그래서 천지인天地人을 하나로 인식하여 자
연과 합일하려 했던 우리의 전통 정신이 오늘에 다시 회복되어야 한다'라

고 역설했다.

일본의 건축학자 고야마香山壽夫 (1937~ )는 장소가 가지는 기억의 중요성에 대해 다음과 같이 글을 썼다.

장소는 문화의 적층, 즉 전통으로만 인식되는 것이다. 오히려 장소는 계속해서 쌓여가는 시간 속에서 여러 가지 사건이 행해지는 곳이고, 한 인간집단이 하나로 통합되는 기반이다. 장소는 공동체의 기반이자 지주이다.

칼비노Italo Calvino (1923~1985)의 글 '보이지 않는 도시Invisible Cities' 에서 몇 줄을 더 옮겨 적자.

도시의 과거는 마치 손에 그려진 손금처럼 거리 모퉁이에, 창살에, 계단 난간에, 피뢰침 안테나에, 깃대에 쓰여 있으며 그 자체로부터 긁히고 잘리고 조각나고 소용돌이치는 모든 단편에 달려 있다. … 도시는 이와 같은 조밀한 기호의 껍질 속에 있으므로 … 욕망에 자신들의 형태를 부여하기를 계속하는 도시와 욕망에 지워져 버리거나 욕망을 지워 버린 도시 … 도시의 형태는 그 목록이 무한하다. 모든 형태가 자신의 도시를 찾고 새로운 도시들이 계속 탄생하게 될 때까지, 모든 형태의 변화가 끝나고 나면 도시의 종말이 시작된다.

## 지문/地文/Landscript

이탈로 칼비노에게 도시는 기억과 욕망이 불가분으로 서로 얽혀 있는 생물체이다.

그렇다. 모든 땅에는 과거의 기억이 손금과 지문처럼 남아있다. 우리 모두에게 각자 다른 지문指紋이 있듯이 모든 땅도 고유한 무늬地紋를 가지고 있다. 더러는 자연의 세월이 만든 무늬이며 더러는 그 위에 우리의 삶이 연속적으로 새긴 무늬이다. 이는 우리가 땅에 쓴 우리 삶의 기록이며 이야기이다. 따라서 땅은 장대하고 존엄한 역사서이며 그래서 귀하고도 귀하다. 이를 지문/地文/Landscript이라고 하자.

이 지문은 끊임없이 변하는 생명체이며 스스로 무엇을 덧대어달라고 요구하는 기운체이다. 혼도 있고 정신도 있으며 심지어 말하기도 한다. 따라서 수잔 랭거Susanne K. Langer (1895~1985)의 말처럼 '장소의 특성을 시각화하는 우리의 건축행위'는 그 장구한 역사를 체험해 온 땅이 새롭게 요구하는 말을 경청하는 것으로 시작해야 한다. 온갖 예의를 갖추어 그 경이로운 언어를 들추어내고, 깊이 사유하여, 새로운 시어를 그 위에 겸손히 지어 덧대는 일이 건축이다.

건축은 결국 무너질 수밖에 없다. 아무리 세운 자의 영광을 만세에 기리기 위해 기념비적 건축이 세워졌어도, 혹은 가진 자의 위세를 과시하기 위해 온갖 기술적 성취를 이루며 하늘 높이 솟았다 하더라도, 우리 인간이 죽을 수밖에 없는 것처럼 그 건축도 결국은 중력의 법칙을 이겨낼 수 없다. 남는 것은 오로지 우리가 거기에 있었다는 기억뿐이다. 그것만이 구체적 진실이 된다.

제6장 인권과 미술

# 성상과 우상 사이

이정구·전 성공회대학교 총장

## 1. 아이콘

아이콘Icon 신학에 관한 서적은 동방교회 학자를 중심으로 상당한 연구
논문과 서적이 발간되었다.[1] 서양에서 그리스도교와 관련한 이미지 연구

---

1. 필자의 서가에서 볼 수 있는 것만으로도 다음과 같은 서적들이 있다. Andre Grabar, *Christ
ian Iconography; A Study of Its Origins*, Princeton University Press, 1968; Ernst Kitzin
ger, *The Art of Byzantium and The Medieval West*, Indiana University Press, 1976;
Leonid Ouspensky and Vladimir Lossky, *The Meaning of Icons*, St. Vladimir Seminary
Press, 1983; Georgy Pattison, *Art, Modernity and Faith; Restoring the Image*, SCM Pres
s Ltd., 1991; Margaret R. Miles, *Image as Insight; Visual Understanding in Western
Christianity and Secular Culture*, Boston, Beacon Press, 1985; Robin Cormack, *Paintin
g the Soul; Icons, Death Masks and Shrouds*, London, Reaktion Books, 1997; Gennadi
os Limouris, *Icons; Windows on Eternity; Theology and Spirituality in Colour*, Genev
a, WCC Publications, 1990; F. Ernest Johnson (ed.), *Religious Symbolism*, Harper &
Brothers, 1955; Anton Wessels, *Images of Jesus; How Jesus is Perceived and Portraye*

가 풍성한 것에 비해 한국 그리스도교에서 이미지에 관한 연구가 거의 없다 싶은 것은 특기할 만한 일이다. 이것은 한국의 무속과 전통적인 종교가 시각 이미지를 적극 수용했던 것에 비해 한국 그리스도교는 이미지를 수용하지 않고 배척해온 결과라고도 할 수 있다. 특히 불교미술에 관한 많은 국내 연구서의 영향을 받았을 가능성이 있음에도 이미지에 관한 신학이 부재한 것은 한국의 그리스도교가 국내의 타 종교에 대하여 독선적이며 편향적인 문자 중심의 신학에 주된 관심을 모아왔다는 것을 의미한다.

주관적이며 신을 관조하고 체험하는 신앙의 문제는 논리가 아닌 몸으로 한다. 현대신학에는 객관적이며 보편적이고 이성적이며 합리적이라는 논리적인 것과 동시에, 주관적이고 상징적이며 감각적이고 상상적인 요소가 상호 작용하여 엮어내는 디지털 시대의 글쓰기가 필요하다. 신학 분야에서 감각이나 감성에 관한 것은 그 특성상 예배학이나 전례학을 중심으로 한 실천신학 분야에서 부분 언급될 뿐, 특히 보수적인 개신교에서는 여전히 조심스럽기 짝이 없는 영역이다. 개신교에서 '신에 관한 이미지

---

d in Non-European Cultures, Michigan, WM. 1990B. Eerdmans Publishing Co.; Diane Apostolos-Cappadona(ed.), *Art, Creativity, and the Sacred*, N.Y., Crossroad, 1984,; Peter and Linda Murray, *The Oxford Companion to Christian Art and Architecture*, Oxford, 1998.; Timothy Gregory Verdon(ed.), *Monasticism and the Arts*, Syracuse University press, 1984. 그리고 최근 현대 이코노클래즘에 관한 것으로는 Bruno Latour and Peter Weibel(eds.,), *Iconoclash: Beyond the Image Wars in Science, Religion, and Art*, The MIT Press, 2002; 그 밖에 성당 모자이크에 관한 신학 서적으로는 Eve Borsook, *Message in Mosaic*, Oxford, Clarendon Press, 1990; Otto Demus, *The Mosaics of Norman Sicily*, London, Routledge & Kegan Paul Ltd., 1949 등외에 *Bible in Art, The Life of Christ in Art*와 같은 그림 서적이 있다. 아직 국내에서는 이 분야 연구가 활발하지 않아 번역서조차 빈곤한 상황인 것에 반해, 불교의 탱화에 관한 연구는 상당히 많은 논문이 출간되고 있어 퍽 대조적이다.

제작과 숭배'에 관한 담론 제기는 오늘날에도 금기처럼 보인다. 그러나 이미 한국의 몇몇 개신교회에서는 이미지에 대한 숭배는 아닐지라도 그리스도 이미지나 서양 가톨릭교회에서 전통적으로 사용해오고 있는 상징을 장식용, 혹은 교육용으로 활용하고 있다. 국내에서는 일부 소수 학자가 교회사 연구에서 '성 화상 논쟁'에 관해 연구 발표한 바 있으나 이미지에 관한 보수적인 신학적 입장과 교리적인 개신교회의 신학적 입장으로 인하여 크게 환영받지 못했다. 이미지에 관한 대표적인 신학 담론으로써 성 화상 논쟁은 이미지를 둘러싼 교회와 제국, 황제와 교부들 사이의 정치적 이권 싸움은 차치하고라도 이미지 논쟁을 넘어 그리스도의 화육, 그리스도론 논쟁과 합류하게 된다.

현대의 많은 교회는 금기처럼 되어온 성sex, eros 문제와 더불어 이미지에 관한 신학적 견해를 밝히지 못한 채, 교회 안에서 이미지를 특이하게 활용하고 있음을 볼 수 있다. 언제까지 교회가 이미지에 관한 신학적 담론을 피할 수는 없다. 이미지에 관한 입장이 없으니 그 사용하는 이미지의 미적 수준이나 형태도 떳떳하지 못하며 교회 안에서도 비겁한 양태로 중요한 위치에 안치되어 있다.2

케임브리지, 예일, 시카고대학 등 유수의 대학에는 '종교와 예술'이라는 연구소나 학과가 상설 개설되어 연구와 강의가 진행되고 있는데 국내 대학에서는 아직 요원한 실정이다. 인천 가톨릭대학에 종교미술학과가 설

---

2. 특이하다 함은 가톨릭교회와 개신교회를 포함해서 현재 사용하고 있는 성 화상의 미적인 수준도 그렇거니와 적절치 못한 장소와 벽에 장식용으로 걸려 있거나 매달려 있는 키취kitsch 형태의 조잡스러운 이미지를 말한다.

치되어있으나 이론보다는 종교 미술작가 양성을 위한 미술대학과 같은 성격이 강하고, 이론연구로는 서양미술사학회에서 시대로 구분한 중세 미술 분과가 유일하게 있는 정도이다. 신학대학에는 교회음악과는 있으나, 이미지와 관련한 학과가 없는 상황에서 국내의 그리스도교에서 좋은 이미지 담론을 기대하기란 어려운 형편이다.

이 글에서는 성 화상 신학을 중심으로 한 미학적 신학의 연구 대상과 범주, 이미지의 힘, 그리고 글쓰기 방식을 말하고, '종교와 예술의 관계성'과 관련된 이미지와 특별히 인간의 오감과 관련된 신학 분야에서 '전례(예배)학'과 '이미지의 토착화'에 관한 것을 거칠게 말하고자 한다. 장마다 통일성을 갖는 논리적인 글은 아니지만 향후 일차 성 화상 신학을 중심으로 하는 이미지 연구와 밀접한 미학적 신학의 지평을 넓히고 연구해 보려는 필자의 기초적 생각을 말하려 함에 불과하다.


## 2. 종교와 예술: 심미적 이성[3]

종교와 예술에 관한 유기적인 고리로써 심미적 이성이란 용어를 선택하려고 한다. 이 용어를 정의하기란 쉽지 않지만, 한 예를 든다면 인간이 어느 상황에 대해 '슬픔'을 느낄 때와 같은 그러한 복합적인 정서를 가리켜

---

3. 심미적 이성이라는 용어의 출현은 그 시기와 출처가 정확하지 않지만, 서양의 미학에서는 'aesthetic reason'에 관한 Alan Singer의 책과 Adorno의 심미적 이성에 논박하는 변증법적인 논문이 있다. 국내에서 심미적 이성에 관한 담론으로는 문학평론가 김우창에 의해 거론된 바 있다.

심미적 정서aesthetic emotion 라고 한다면, 심미적 이성이란 어느 상황에 관해 측은지심을 느끼는 데서 한 걸음 더 나아가 그것을 실천하는 이성적 판단의 덕목으로써 도덕성까지를 내포하는 의미라고 할 수 있다. 그동안 국내에서 심미적 이성에 관한 논의는 문학평론 분야에서 이성만으로는 풀어낼 수 없는 것에 감성을 결합하여 상호보완적인 글쓰기를 말하고자 제안되었던 담론이었다. 심미적 이성이야말로 예술 분야뿐만 아니라 특히 신학과 교회, 그리고 모든 종교학 분야에서 담론화할 수 있는 소재라고 생각한다.

칸트는 창조적 예술원리에 관해 "미(감)적 이념이 이성 이념의 대립물임은 우리가 쉽게 알 수 있는 일이거니와, 이 이성 이념은 반대로 어떠한 직관(구상력, 상상력의 표상)도 감당할 수 없는 개념"[4]이라고 했다. 미적 이념과 이성이라는 대립적인 단어에 심미적이란 수식어의 부가는 언어적 모순일 수 있지만, 모든 종교의 경전과 성서 해석에 있어서 균형감각, 유머, 진실과 환상, 신화를 구분하는 능력과 상상력, 그리고 초월자에 대한 신성함과 신비의 문제를 넘어 종교의 사회적 기능으로서 사회복지에 이르기까지 '심미적' 이성이라는 필터를 통해 미학적인 해석이 가능할 수 있을 것이다. 브라운Frank Burch Brown이 "신학에서 미학적 감수성이 필요하다는 것을 주장하면서도 신학 자체가 미학적으로 되거나 혹은 그 자신의 이성적 능력을 행사하는 것을 포기함으로써 미학적 진리를 만족스럽게 수용하게 되는 것은 아니다"[5]라고 경고하는 말에 주의할 필요가 있다.

---

4. 칸트, 이석윤 역, 『판단력 비판』, 박영사, 1974, 195쪽.
5. Frank Burch Brown, *Religious Aesthetics; A Theological Study of Making and meanin*

종교·신학에 대한 미학적 접근은 무엇보다도 예술과 종교와의 관계성이 주된 주제가 될 수밖에 없을 것이다. 종교와 예술은 상호작용하나 이둘은 서로 고유한 미덕과 정체를 지니고 있는데, 종교는 눈에 보이지 않는성스러움과 초월성을 근거로 하여 인간에게 많은 상상력을 선물했다. 그러나 그 상상력을 표현하는 것은 언제나 종교에 의해 유린당하거나 통제되고 절제되었으며, 이것은 종교가 자신의 언어 문자적인 순수성을 지키고자 함이었을지 모르나, 종교예술은 언제나 인간의 감정에 호소하고 있다는 점을 간과해서는 안 된다.

종교와 예술의 친화성에 관해 콜링우드 R. G. Collingwood 는 그의 『정신의 반영』(1924)에서 '예술이란 상상이고 종교는 믿어지고 있는 상상'이라고 말한다. 유령이나 요정을 보는 것은 예술이지만 그 유령이나 요정을믿는 것은 종교라는 것이다.6 허클베리와 짐의 대화는 아름다운 '아주 잘짜여 있는 상상력'을 고양한다. 여기에서 무엇이 종교이고 예술일까? 심

---

g, Princeton, Princeton University Press, 1989, 42쪽; 리차드 빌라데서, 손호연 역, 47쪽 인용.

6. 다음은 허클베리 핀과 도망 중인 노예 짐이 뗏목을 타고 미시시피강을 따라 내려오면서 달과 별을 바라보고는 유래에 대해서 생각하는 장면이다. "뗏목에서 사는 것은 멋있다. 하늘이 높게 있고, 별들이 점점이 박혀있다. 그리고 우리는 등을 맞대고 그것들을 바라보고 그것들이 만들어진 것인지 다만 우연히 나타난 것인지에 의논했지. 짐은 그것들이 만들어졌다고 하고, 나는 그것들은 우연히 생겼다고 우겼다. 별들이 그렇게 많이 만들어지기에는 너무 오래 걸릴 것 같다고 생각했다. 짐은 달이 그것들을 낳는다고 말했다. 그것이 어느 정도는 일리가 있는 것이라고 나는 생각했다. 그래서 그것에 반대하는 아무런 얘기도 하지 않았다. 왜냐하면, 한 마리의 개구리가 알을 아주 많이 낳는 것을 보았기 때문에 그것도 그럴 것 같았다. 우리는 별들이 떨어지고, 그것들이 한 줄로 이어지는 것을 보았다. 짐은 그것들이 못 쓰게 되어 그 보금자리에서부터 떨어져 나간다고 말했다." Melvin Rader, Bertram Jessup, *Art and Human Values*, 김광명 역, 『예술과 인간 가치』(서울: 이론과 실천, 1992), 242~243쪽.

미적인 정서에 의해 그 둘의 경계는 허물어지고 서로 융화되어 이 글은 시각화된다. 아기 예수 탄생, 동방박사 등 주일학교 시절의 성서 동화는 어른이 된 지금까지 종교적인 '낭만적 아름다움'을 환기하고 있는 데 비해 '성육신'에 대한 이성적인 신학 논문이 오늘 현대 신학자와 신앙인에게 어떤 종교적이며 심미적인 감흥을 주고 세상을 향해 얼마만큼 측은지심을 갖고 사람들에게 정의를 실천할 수 있도록 '심미적 이성'을 고무하는지 재고해 볼 일이다. 잘 짜인 한 편의 짧은 설교문이나 아주 작은 종교예술 소품이 한층 더 감동적인 신학적인 글쓰기일 가능성이 여기에 있는 것이다.

인간이 종교예술이라는 직접적인 대상물을 통해 성스러운 실재를 보는 것이라면, 그 직접적인 대상물이 너무 아름답고 매력적이어서 성스러움과 초월성을 상실한다면 그것은 우상숭배가 되거나 종교적 태도를 포기하는 셈이 된다. 그러나 소설이나 시가 아무리 인간의 상상력을 자극한다고 할지라도 그림이나 조각만큼 제한받지 않았던 것은 단순히 시각적인 것에 관한 그리스도교 교리 문제 때문이었기보다는 당시 글을 읽을 수 있는 계층이 사제를 중심으로 폭이 좁았고, 그러한 글을 제한된 특정 공간에서 즐길 수 있는 특권을 누릴 수 있었기 때문에 문자 아이콘은 일반대중에게 큰 해가 되지 않는다고 생각했을 것이라는 상상은 가능하다. 그러나 시각적인 것은 누구나 눈만 있으면 볼 수 있는 것이기 때문에 권력은 여전히 말썽의 소지를 차단해야만 했다. 로마네스크와 고딕 성당의 서쪽 입구 박공facade 위의 부조tympanum에는 언제나 최후의 심판 부조가 새겨져 있어서 보기 싫어도 피할 수 없는 위치에서 대중에게 죄에 관한 무의식을 자극했을 것이다. 신에 대한 신성함을 느끼기보다는 두려움으로 교회에

복종토록 하는 매체였다. 이 부조를 통해서 당대인이 어떤 심미적인 아름다움을 체험했을지에 관해서는 부정적이지만 지옥에 대한 공포를 느끼고 소극적인 도덕적 의미로써 대중 신자가 '죄짓지 않기'에 대한 '심미적이며 이성적인 판단'을 할 수 있도록 하는 기능을 일정 정도 했을 것이다. 그러나 이것은 엄밀한 의미에서 대중에게 측은지심의 순기능적인, 자율적 심미적 이성에 호소하기 위한 매체라기보다는 무지한 대중에 대한 권력자의 시각적인 위협용 이미지였다고 하는 편이 옳다.[7] 현대 목회자의 설교가 심미적인 듯하지만 상당 부분은 여전히 이러한 유형에 가까운 것이 오늘의 현상이다.

한정된 유에서 무한한 신성을 표현하기 어려운 것은 글도 말도 시각적인 것만큼 마찬가지이다. 이것을 굳이 언어 우상verbal icon이라고 한다면 이것도 우상의 범주에서 벗어날 수 없다. 각 개인이 갖는 상상력의 공적 표현만 자제할 수 있으면 우상의 올가미에서 벗어날 수 있다는 것은 오늘도 변함이 없다. 특히 시에 있어서 시어詩語나 동양의 범어梵語가 내포하고 있는 운율, 그리고 상징과 은유의 함축성은 인간의 미적, 종교적 상상력을 극대화할 뿐만 아니라 종교에서 미적인 내용을 담아내기에 적절한 그릇으로 사용됐던 것을 상기할 필요가 있다. 그렇다면 이것은 그리스도교에서 우상이 아닌가? 이슬람교는 신의 시각적 형상을 막기 위해 문양을

---

7. 팀파눔의 「최후의 심판」은 구약에서의 '계약'의 의미, 계약 당사자 앞에서 '동물을 살해하여 피를 보게 하는' 것처럼 계약을 위반할 때 이처럼 된다는 위협의 의미가 담겨 있는 것과 유사하다.

발전시켰고 글자를 도형화하기에 이르렀던 것은 현대미술에서 러시아 미술가인 말레비치처럼 형상을 미니멀minimal 하고 개념화하는 길로 인도하기도 했다. 특히 러시아의 경우 서구의 현대미술이 이입되면서 말레비치 같은 작가에 의해 성화icon에 대한 미학적 흥미를 갖게 된 것은 러시아 국가주의가 본래 종교에서 기인한 것이 그 동인이라고 할 수 있다. 그러나 전통적인 성화를 극히 추상적으로 혹은 미니멀하게 현대화한 이러한 작품에서 대중은 어떤 종교적 감흥이나 심미적 체험을 할 수 있을 것인가? 현대미술은 다시 문자화되고 교조화되어, 형상 대신 이슬람이나 유대교에서와 같이 새로운 기호적인 우상을 제작하고 있는 것은 아닐까?

그림을 보기 전 그 밑에 붙어있는 제목에 먼저 시선을 두는 순간 그 이미지가 텍스트(언어) 그 자체에서 벗어날 수 없거나 종속될 수밖에 없겠지만, 이미지가 그 언어의 한계성을 넘어서면 그 이미지는 텍스트와 비교할 수 없을 만큼의 힘을 발휘하는 것이다. 성서 텍스트를 원전으로 삼는 다양한 종교 이미지에 관하여 그 텍스트는 완전하고 온전하게 모두를 설명해줄 수 없다.[8] 문자는 정신을 죽일 수 있지만 이미지는 문자에 활기를 불어넣을 수 있는 것이다.[9]

‘물새 소리보다 물새 소리를 흉내 내는 어린아이의 소리가 더 아름답다’라는 이 짧은 한 문장은 신에 관해 연구하는 신학도와 예수의 삶을 따르려는 모든 그리스도교 신앙인에게 감성과 이성이 어떻게 어우러지는가를

---

8. Norman Bryson, 신지영 역, "담론, 형상", 윤난지 엮음,『모더니즘 이후, 미술의 화두』(서울: 눈빛, 1999), 320~321쪽.

9. Regis Debray, *Vie et mort de l'image*, 정진국 역,『이미지의 삶과 죽음』(서울: 시각과 언어, 1994), 108쪽.

잘 보여 주며 이 문장을 읽는 이들이 물새 소리를 한 번 흉내 내고 싶은 충동, 즉 실천적 감흥을 불러일으킨다.


## 3. 이미지의 힘

이미지는 언제나 그 이미지 만드는 주체자에 의해 조작되며, 다수의 수용자에 의해 주체자의 제작 의도와 관계없이 해석되기도 한다. 신문의 보도사진이나 상업광고 이미지는 이미지의 조작과 허구가 무엇인지를 보여 주는 그 대표적인 것이다. 이러한 이미지는 글보다 전염성이 강하고 더 강한 바이러스성을 띠는[10]오염되고 위험한 힘이 들어 있다. '칼보다 펜이 강하다'라는 속담 이상으로 대중에 대한 호소력은 펜보다 이미지가 훨씬 더 강하다. 6세기 그리스도교에서 성 유물relics에 관한 숭배cult는 대중에 의해 곧바로 종교적이거나 성인 이미지 숭배로 파급되어 나타남으로써 성 화상 논쟁을 한층 더 일으킨 원인이 그 좋은 실례이다.

2천 년 동안 펜을 학문의 표현 도구로 사용하면서 발전시켜온 인문학, 신학은 세상에서 더 이상의 호소력과 설득력을 구하기에는 그 어느 시기보다도 어려운 상황에 놓여 있다. 결국 이미지를 축출하는 데 앞장서 왔던 현대의 개신 교회조차 교회 안에 신성모독을 피해 갈 수 있을 만큼 최소한의 이미지로 치장하고 설교에서까지 이미지를 적극적으로 활용하고 있

---

10. 앞의 책, 108쪽. "서구에서는 군중들이 동요할 때마다 어디서나, 행렬과 시위모임 등에서 성자의 성 화상 혹은 우두머리의 초상, 예수 그리스도 혹은 칼 마르크스를 앞세운다."

다. 성공회대학교를 비롯한 몇몇 신학과에서는 이미지에 관한 교과목을 교양과목으로 채택하고 있으며, 향후 학생이 일선 목회에서 배우고 본 이미지를 유용하게 조작하여 활용하기를 기대한다.

이미지는 힘이 있는 만큼 위험성도 내포해 있다. 볼 수 없는 천사의 그림을 본 어린이가 보았던 천사의 이미지를 넘어 상상하기란 쉽지 않다. 이미지는 강하면서도 경제적인 매체이지만 문자에 예속될 때 그 힘을 잃게 되는 약점이 있다. 그러나 자신의 문자 프로파간다propaganda 에 이미지를 부가하여 이용하는 정치권력 이미지가 증명하고 있듯이, 일차로 문자와 이미지가 결합함으로써 주체자가 추구하는 최종 목적을 향한 새로운 제2, 제3의 또 다른 이미지를 생산해 내는 힘도 바로 이미지에 있다. 사회주의 국가는 정치적 프로파간다를 위해 정치포스터와 정치가 흉상 등을 끝없이 생산해 냈다. 그리스도교는 2천 년 동안 수많은 상징과 여러 의미를 부여한 다양한 형상의 십자가와 성 화상을 제작하여 배포하고 있으며, 그 십자가와 성유물 아래 신자는 무릎을 꿇고 한 우산 아래 모여왔다. 마리아와 여러 성인에 얽힌 수많은 기적 이야기는 그 성인에 대한 이미지에 애니미즘적인 힘을 덧붙여 담는다. 중세기에 구전으로 전파되었던 일련의 기적 이야기는 언어 우상verbal icon과 다름없었으며 민중에게 만병통치약으로써 강한 힘이 있는 이미지였다. 수도원은 이러한 스토리텔링에 금빛 찬란한 금박을 입힌 성 화상을 제작하여 부를 축적하였고, 황제들은 그것으로 부를 축적한 부유한 수도원을 사이에 두고 쟁탈전을 쉬지 않고 벌였다. 황제들은 예수와 성인의 반열에 모자이크로 자신 스스로 장식하였던 것이 중세의 그리스도교회와 국가의 이미지였다. 그러나 현대는 고전적인 성모 마리아상이나 피에타, 고상苦像의 예수 이미지 힘은 쇠약해지고, 교황이나 대형교회의 부흥 목회자가 살아 움직이는 성 화상으로서 현대 교회를 상징하고 있다. 여기에는 이와 관련된 이미지를 조작 주체자의 일련의 의도에 기인한 결과이다. 그러나 그리스도교 성 화상과 도상은 언제나 성서를 텍스트로 삼아 재현되지만, 그 작가는 성서해석학자와는 다른 상상력과 표현기법으로 텍스트를 왜곡하기도 한다. 그러나 그 왜곡이 선善과 미적인 측면에서 심미적 이성으로서 인간의 신앙심과 정서를 한층 고양한다면 그것은 순기능적 측면에서 논란의 대상이 아니다.

## 4. 성 화상 논쟁: 이미지 담론

이미지가 무엇인가에 대해 적절한 답을 할 수 없다. 플라톤에 의하면 초감각적 실재로서 에이도스eidos 는 이미지 너머의 실재이며, 에이돌론 eidolon 은 감각의 대상인 에이콘eikon, 혹은 그 유사물을 지칭한다. 즉, 에이도스는 이미지 너머의 실재를 말하며 에이돌론은 그 실재의 재현 이미지로서 그림자, 유사물이다. 구약에서 신의 모습과 형상은 신 그 자신이라기보다는 신의 이미지이며 인간 신의 이미지를 본뜬 이미지, 이미지의 유사 이미지라고 할 수 있다. 오늘의 동방교회는 이미지(형상)의 의미에 관하여 '타락한 형상을 신적 아름다움과 연합시킴으로써 이전의 상태로 회복시켰다'라는 구절을 통해 '성육하신 하느님의 아드님께서 인간의 내면에서 아담의 타락으로 더럽혀진 신적 형상을 재창조하고 새롭게 하신다'11라고 설명한다. 성 화상이란 최초 하느님의 형상을 닮은 모습으로 돌아가기 위한 매체와 수단이다.12 그러나 장 보드리야르는 '모든 것은 복제이고 이미지이며 원판은 없다'라고 주장한다. 도정일은 '이미지란 디자인, 건축, 조각, 그림자, 꿈, 기억, 아이디어, 심상, 묘사, 이론 그리고 개념이다. 그것은 서사 플롯, 세팅이고 캐릭터로서의 재현이며 수행performance '이라고 말한다.13 이미지는 더이상 고전적인 시각적 이미지만을 지칭하지 않는다. 소통의 매체로서 그것은 멀티미디어 시대에서 머리에 떠올리는 것, 느끼는 그 모든 것에 이름을 주면 그 이름이 곧 이미지이다. 21세기의 멀티-영상 이미지는 종교문화를 포함한 모든 현대문화의 내면을 탈문자화시키고 있다. 매체 역사로 볼 때 교회 역사도 세상사와 같이 처음에는 이미지에서 문자의 시대로, 문자의 시대에서 다시 이미지의 시대로 순환하고 있는 듯하다. 이것은 단지 문자냐 이미지냐의 문제가 아니라 구텐베르크의 활자의 위력이 그 시대의 패러다임을 전환했던 것처럼, 인간의 존재 방식과 사유 형태를 재구성하고 지식의 패러다임을 갱신한다는 점에서 이미지 연구는 중요한 것이다.14

11. Athanasius the Great, *Oratorio de incarnatione Veerbi(PG25, 120CD)*; Leonid Ous pensky, *Theology of the Icon*, Vol. 1. (N.Y.: St. Vladimir's Seminary Press, 1992), 155쪽.

12. '보편적인 교회는 회화를 통해 그리스도의 인성을 표현하지만, 그것이 그의 육체를 신성으로부터 분리하는 것은 아니다. … 성상 속에서 단지 원형을 닮은 모습을 표현하는 하나의 형상만을 인지한다. 이런 까닭으로 성상은 그 원형의 이름을 받으며 그것은 오로지 원형의 모습에 참여하기 때문에 거룩하며 존경받게 된다.' 앞의 책, 161쪽.

13. 도정일, "이미지 시대의 이미지", 『영상문화』(서울, 생각의 나무, 2000년 창간호), 9~10쪽.

14. 도정일, 성완경, "머리글", 『이미지는 어떻게 살고 있는가』(서울, 생각의 나무, 1999),

그리스도교는 이미지에 관해 언제나 불편한 심기를 참지 못하고 노출해왔다. 인간의 표현 욕구는 언어만이 아니라 특히 감성과 감각에 더 의존하는 예술의 모든 영역에 걸쳐 있다는 걸 새삼 거론할 필요는 없지만, 나라마다 신화가 있어서 저마다 그 신화를 소리나 운율보다는 이미지로 표현해 왔다. 그리스 아테네 여신은 단순히 여러 여신 중의 하나가 아닌 국가, 폴리스의 여신이었으며, 그 신은 상으로 표현되고 숭배되었다. 제작된 그 여신상이 당대 사람들의 눈에 아름답게 보였는지 아닌지의 여부는 알 수 없다.[15] 지역에 따라 표현기법이 발달하지 못해서일 수도 있겠지만 몸의 등신 비율은 후기 그리스도교 시기로 진입하면 오히려 그리스 기법을 전수한 그리스도교회에서는 조화롭지 않게 표현하기 일쑤였다.[16] 이러한 표현은 어느 종교에서도 흔히 있는 현상이다. 이것은 동서양 공통으로 신앙의 대상에 대한 형상을 사실적인 인간의 모습으로 표현하기를 의도적으로 피함으로써 신성한 타자로서 환기하기 위함이었을 텐데 이러한 양식이 정형화되어 아이콘 기법이 정착하게 된 것이라고 할 수 있다.

성서는 신에 대한 시각적인 그 어떤 이미지의 제작과 숭배를 엄격히 금

---

13~14쪽.

15. 그리스 아테네 신은 여신으로서 국가 신이었다. 이것은 가부장제에서 여성성을 정치적으로 이용하기 위한 산물일 수도 있다. 그리스 최초의 우주를 생성한 신도 여신이었으나 후에 그리스 철학자까지 합세하여 남신인 제우스로 탈바꿈한다. 프랑스의 국가 이미지도 왕국은 남성, 왕정과 공화정은 여성 이미지이다. 특히 공화정을 여성 이미지로 선택한 가장 큰 이유는 왕당파들이 의도적으로 공화정 정치를 개탄하기 위해서였던 것은 잘 알려진 정치 이미지이다.

16. 어느 비잔틴교회 제단에는 12등신 예수 고상도 안치되었다. 불교사찰에 안치된 불상은 대체로 4등신을 넘지 않음에도 불구하고 시각적으로 그 불상을 기형으로 인식하지 않는 것은 종교적 대상물이 종교성으로 인해 그 물성을 포기하기 때문이다.

지했다. 신성하고 침범 불가능한 모든 것은 언젠가는 신성모독과 침범행위를 불러일으킨다면,17 인간이 볼 수 없는 신에 대한 시각적인 표현 욕구를 참지 못하고 제작한 신성한 이미지는 결국 신성모독으로 기소당하게 되는 것이다. 초대교회 시기에는 희생제물을 드리는가 아닌가로 유대인과 그리스도교인을 구분했던 것처럼, 이미지에 대하여 숭배worship를 하는지 안 하는지로 그리스도교인과 이교도를 구분하기도 하였다.18 초대 몇몇 교부는 신의 이미지에 대한 제작 및 숭배행위에 대하여 신학적으로 변증하고 또 장려했다.19 하지만 성 화상 파괴주의자iconoclast와 여러 차례 종교회의를 통하여 성상 숭배자의 신학을 이단으로 규정하거나 혹은 교회가 소극적으로 성상 지지자 의견의 일부를 수용하는 정도20로 종결을 짓고자 시도했으나 그 논쟁은 쉽게 끝나지 않았다. 그 대표적인 논쟁이 기원후 726년부터 843년 사이에 여러 차례 있었던 '성 화상 파괴 논쟁

17. Camille Paglia, *Sexual Personae* (Yale University, 1990), 이종인 역, 『성의 페르소나』 (서울, 예경, 2003), 43쪽.

18. Moshe Barasch, *Icon; Studies in the History of an Idea* (N. Y. : New York University Press, 1995), 97쪽.

19. 이미지에 관한 초대 교부의 사상에 관해서는 Moshe Barasch, *Icon; Studies in the History of an Idea*에서 'Early Christian Apologists', 그 사상사에 관해서는 Alain Besancon, Jane Marie Todd(trs.), *The Forbidden Image; Intellectual History of Iconoclasm* (Chicago, Chicago University Press, 2000)을 참고할 것.

20. 그레고리 교황은 '교회에서 아이콘은 문맹자를 위한 것이다. 그들은 걸으면서 책으로 읽을 수 없었던 것을 읽는 것이다. 아이콘은 보존하여야 한다. 단지 그것을 예배해서는 안 된다'라고 말한다; Gregorius the Great, *Epistolarum liber 9*.; 김산춘, "이콘의 신학", 『미술사학보: 미술과 종교』, 제20집, 미술사학연구회, 2003년 8월호, 7쪽 인용. 쌩드니(St. Denis)의 슈제(Suger)는 '신의 집은 아름다운 것으로 가득 채워야 하며, 성서를 통해 파악할 수 없는 것은 그림을 통해 가르쳐야 한다고 했다'; Umberto Eco, *Art and Beauty; in the Middle Ages* (Yale University Press, 1986), 6~7쪽.

iconoclastic controversy '이다. 21 이 기간에 동방교회 대부분 성 화상이 교회 밖으로 철거되고 파괴되고 비잔틴교회가 위기에 처해 있던 시기였다. 특히 성 화상 파괴주의자의 문서가 소각되면서부터 이 논쟁에 관한 신학적, 교리적 원인을 명확히 규명할 수 없어 오늘날까지 그 논쟁은 그리스도론과 관련을 갖고 계속되고 있는 논쟁이다. 22 그러나 흥미로운 것은 성 화상 파괴주의자가 파괴한 상은 대체로 그리스도와 성모, 성인의 상이었던 까닭에 오히려 이에 따라 동물이나 새 등 그리스도교회가 지금도 사용하고 있는 도상적 상징으로 빈 벽면을 채우기 시작했다. 상징을 구체화하는 경향이 극단화되면 우상숭배가 될 수 있지만 오히려 그것은 여러 종교 예술의 원천이 되는 기회를 제공하기도 하였다.

서방교회에서는 중세가 시작되는 로마네스크 시기에 시각 이미지가 교회 안에 안치되어 신자로부터 조심스럽게 숭배되기 시작했다. 그러나 종교개혁 시기에 루터는 하느님에 관한 이미지를 제외한 다른 종교 이미지에 대해서는 관대했으며, 자신의 프로파간다를 위해 화가 크라나흐Lucas Cranach를 통해 자신의 이미지를 조작했던 것은 주목할 만하다. 그러나

---

21. 그리스어를 사용하는 그리스인은 종교적 형상에 관해 취미를 물려받았다. 성 화상에 관해 호의적이었다. 비 그리스어 사용권의 동방 그리스도교인은 대부분 단성론자(monophysites)로서 성 화상 파괴를 주도했던 황제들이 비그리스어권 출신이라는 점이다. 성 화상숭배 반대파(성상 파괴주의자)들은 단성론보다는 오히려 물질을 부정하는 신플라톤주의와 오리게네스주의의 영향을 받아 이미지가 신의 원형에 접근하는 수단일 뿐 결코 신 자신의 주거는 될 수 없다고 주장하였다. 최초 성상 파괴주의자 황제였던 레오 3세(717~741)의 신학적 고문이 모두 오리게네스주의자였다. 김산춘, "이콘의 신학", 6쪽. Meyendorff, J., Byzantine Theology, (N. Y., 1983), 42~43쪽을 인용.
22. 성 화상 논쟁에 관한 문헌으로는 이정구, 『성상 숭배논쟁에 관한 역사적 연구』, 한신대 대학원 석사 논문, 1984과 김산춘, "이콘의 신학"을 참조.

'성서와 믿음으로'라는 슬로건을 내건 대부분의 종교개혁자, 특히 칼슈타트Andreas von Karlstadt를 중심으로 한 일련의 급진적인 개혁가에 의해23 교회의 시각 이미지는 다시 수난을 겪은 이래 프로테스탄트 교회는 이미지 대신에 '이미지를 거부하는 신학과 교리'를 오늘날까지 수용하고 있다.24 그러나 유대교는 우상idol, 성상icon, 형상image을 특별히 구분하지 않고 모두 금지하고 있다. 이것은 성상이든 형상이든 모두 우상의 범주에 넣고 있음을 의미한다. 야스퍼스Karl Jaspers가 상징주의란 끊임없이 미신이나 비유, 유미주의나 교조주의, 마술로 전락한다고 경고하고 있듯이25 성상과 형상은 언제나 우상으로 전락할 위험을 내포하고 있다고 믿고 있기 때문이다. 그러나 이라크 전쟁에서 비롯된 이슬람 측의 대규모 불상 파괴와 국내 그리스도교 신도에 의한 불상 파괴는 종교에서 이미지 담론에서 비롯된 것이 아니라 타 종교와의 갈등에서 생긴 것이라고 할 수 있다.

---

23. Carl C. Christensen, *Art and the Reformation in Germany* (Ohio University Press, 1979)를 참조.

24. 이 글에서 다루지 않겠지만 이미지와 신학과의 관계성 연구를 한 이론 몇 가지를 간단히 소개할 수 있다. 발드윈 스미스Baldwin Smith는 형태나 이미지가 있고 난 뒤에 사상이 뒤따른다고 주장하며, 허버트 리드Herbert Read도 인간 의식 발전에 있어서 이미지가 사상에 선행한다고 했다. 도상학자 파노프스키Erwin Panofsky는 이미지와 사상이 함께 발전한다는 것을 중세 스콜라 신학과 고딕 성당의 축조 관계를 통해 증명하고자 했다. 그리스도의 도상 변천과 신학에서 기독론Christology의 변천 과정을 살펴보면 이 둘의 관계를 가늠할 수 있을 것이다. 그러나 이 연구는 섬세한 관찰력과 해박한 도상 해석학적 지식 및 기독론 지식을 요구하는 방대한 해석학적인 작업이다. 탈식민주의와 페미니즘, 제삼 세계의 시각은 기독교 전통적인 서구적 신의 이미지를 해체하고 자신의 고유한 문화 안에서 체험된 그리스도 이미지를 새롭게 창출하고 있음에 주목할 필요가 있다.

25. Karl Jaspers, Jean T. Wilde, William Kluback and Walter Kimmel(trs.), *Truth and Symbol* (Twayne Publishers, 1959), 60쪽.

영국 내셔널갤러리 소장품 중에 현대미술까지 포함하여 그리스도교를 주제로 한 작품이 소장품의 절반 가까이 된다는 것은 현대 작가도 그리스도교에 관한 주제가 아닐지라도 역사가 깊은 그리스도교 미술 도상을 빌려 자기 작품을 제작하고 있다는 것을 의미한다.26 그런데도 이탈리아 건축가 지오 폰티가 프랑스 어느 건축 잡지에 실린 '우리는 아직도 교회를 건축할 수 있는가'라는 질문을 읽고 충격을 받았던 것처럼27 현대 미학자 해리스Karesten Harries도 여전히 종교예술이 가능할 수 있겠는가?28라는 같은 질문을 한다. 감각적인 것으로 참된 실재를 들어낼 수 있는 것인가, 아니면 실재를 드러내는 대신에 예술가는 그 실재의 환상이나 그 현상에 만족하려는 것은 아니냐고 쟈크 마리탱J. Maritain이 예술가를 의심했던 것처럼, 예술이 그리스도의 인성은 드러낼 수 있겠지만 그 신성을 드러낼 수 없다는 것이다. 이 말은 유한으로 무한을 표현할 수 없다는 의미로서 감각적인 것과 신적인 것의 괴리를 선언한 셈이다. 폰티도 종교예술이란 예술의 문제가 아니라 신앙, 믿음의 문제라고 못 박고 있다. 감각적인 것과 신적인 것의 결합은 결국 종교를 타락시키는 것처럼 오해를 불러일으킴으로써 오늘날 '예술이 없는 종교'가 탄생하게 되는 것이다.

프랑스 사회학자 질베르 뒤랑Gilbert Durand은 서양 문화사를 성상(상징) 숭배주의와 성상 파괴주의의 반복적인 연속과 합류라고 주장한다.

---

26. 대표적인 작가로서 Komar and Melamid의 작품 '사회주의적 사실주의의 기원', 1982~83, 183*122, 로널드와 프레이다 펠드먼 콜렉션. 그리고 러시아 작가 Kasimir Malevich(1878~1935)의 거의 모든 작품을 들 수 있다.
27. 지오 폰티, 김 원 역, 『건축예찬』(서울, 열화당, 1993), 263쪽.
28. K. Harries, 오병남, 최연희 역, 『현대미술; 그 철학적 의미』(서울, 서광사, 1988), 32쪽.

상징과 리얼리즘의 역사적 순환의 틈에서 현대 디지털 시대는 이 둘이 동시에 공존하고 있다. 감각을 사랑하는 상징주의자는 '모든 예술은 하나의 기본적인 신비를 번역한 것이며, 감각은 서로 일치하고, 소리는 향기로 번역될 수 있고, 향기는 시각으로 번역될 수 있다'라고 생각했다.[29] 현대는 감각을 극대화하기 위한 테크놀로지를 개발하여 사용하고 있다.

인간은 인간의 형상을 한 것이라면 그 형상이 어떤 특성을 가졌는가에 관계없이 관심을 가져왔다. 그것이 조각이건 회화건, 장난감 인형이건 로봇이건 관계없이 거기에 자신의 감정을 이입시키는 데 열중해 왔다.[30] 인간이 신의 형상에 따라 지어졌다면 신의 형상도 이 범주 밖에 있지 않으며, 인간은 자신이 만든 이미지에 대하여 초월적이며 신성한 감정이입을 해오고 있다. 그렇다면 이것은 인간의 원초적인 종교적 감성의 표현인가 우상숭배 행위인가?[31] 이미 영화에서는 상호작용 테크놀로지가 도입된 바있다. 머리는 거짓말을 할 수 있지만 몸은 거짓말을 못 한다는 것에 착안하여 기계는 인간의 신체 언어를 인식하고, 입력된 신(말씀의 하느님)과 비언어적 커뮤니케이션의 새로운 코드를 갖고 몸으로 대화를 나누며 자신의 신앙과 도덕성, 감성을 교정해 나간다. 보이지 않고 두려워 볼 수 없지

---

29. Diane Ackerman, *A Natural History of the Senses*, 백영미 역, 『감각의 박물학』(서울, 작가정신, 2004), 426쪽.

30. Naoko Tosa, "Expression of Emotion, Unconsciousness and Technology", 2002. 12. 20. Seoul Art Center Nabi. 강연.

31. 전통적인 영화는 일반적으로 관객에게 상상의 세계(사이버 공간)와 그 안에서 전개되는 이야기를 전달하는 고정적인 형태를 띤다. 그러나 상호작용 테크놀로지를 도입함으로 써, 관객은 그 자신이 영화의 주요 인물로 등장하여 사이버 공간에서 독자적으로 이야기를 체험할 수 있다.

만 보고 싶고 말을 건네고 싶은 초월적 신을 만나는 순간이다. 비잔틴 시대의 아이콘 기능은 단순히 문맹자를 위한 그림 성서 기능만을 했던 것이 아니며, 하느님의 살아 있는 성 화상으로서 예수 그리스도를 지칭하고자 했던, 복잡한 이미지를 둘러싼 그리스도론 논쟁을 넘어 성 화상은 당대 신앙인의 볼 수 없는 신에 대한 믿음의 구심점이었으며 신성에 대한 감정이입의 매체였다.


## 5. 미의 신학: 대상과 글쓰기


미에 관한 신학적 사상 분야는 성서해석학과 교부로부터 읽을 수 있는 미에 관한 사상, 종교적 경험에 관한 미적인 요소가 주된 연구 분야일 것이다.[32] 방법론에서도 전통적인 조직신학의 틀에 비추어 하젤튼Hazelton 같이 종교의 예술로서 현현이나 소명으로서 예술, 찬양으로서 예술 등[33]으로 분류하여 연구할 수 있을 것이다. 또한 장르별로 구분하여 교회 건축, 성 가구, 교회음악, 그리스도교 문학, 드라마, 춤, 회화 조각, 그리스도교 예술가 연구, 수도원에서 제작된 예술품 연구 등 다양한 분야가 미학적 신학의 연구 대상이 될 수 있을 것이다. 좁게는 일반 건축사와 미술사 분야에서 중세미술과 특히 '아이콘 신학'을 중점적으로 다룰 수 있다. 인간의

---

32. Paul Evdokimov, Fr. Steven Bingham(trs.), *The Art of the Icon; a Theology of Beauty* (California: Oakwood Publications, 1990).

33. Roger Hazelton, *A Theological Approach to Art* (Abingdon Press, 1967).

오감이 종합적으로 교감하는 전례를 포함한 예배학과 설교학 분야, 그리고 교회 건축, 회화 조각, 음악, CCM에 이르기까지 현대 예술에 관한 것을 미학적인 시각에서 다룰 수 있다. 문자나 언어의 표현 한계성으로 인해 풀어낼 수 없는 영성이나 예배학 분야에서 더 풍부한 신학적 표현을 위한 보조적인 매체로써 이미지를 활용하는 때도 연구 대상일 수 있다. 대체로 지금까지 종교와 예술에 관한 연구는 일정 작품에 관한 미술사학자에 의한 도상학적 연구와 소수 신학자에 의한 도상학에 관한 보조적인 신학적 서설 정도였다고 할 수 있다. 그러나 이 모든 장르의 연구에 대한 기본 텍스트와 시각이 성서이며 성서 해석학에 따라야만 하는 당위성은 있는 것인가? 그렇다면 그 다양한 성서 해석 틀은 어디에서 채용할 수 있는 것인가?

미술평론가 서성록(안동대 미술학과)은 자신이 하느님을 체험한 후에 자신의 평론 대부분을 성서적 시각으로 조명하는데 상당 부분을 할애하고 있다. 서성록은 성서가 하느님을 창조적 예술가로 소개하고 있다고 말하며, 하느님의 미적 기준을 아담을 지으신 후에 말했다는 '보시기에 좋았더라'라는 표현을 그 기준으로 삼고 있다. 그는 '좋았더라 kala'라는 단어는 '선하고 아름다운 상태'라는 의미를 내포하고 있다고 할 수 있어서 이것을 '아름답다'라는 단어로 바꾸어 사용해도 무리가 없을 것이라고 주장한다. 이 아름다움이야말로 자연과 예술품 감상의 참된 판단기준이 된다는 것이다.[34] 그러나 여기에서 말하는 하느님의 시각으로서 아름다움, 성서가 말하는 아름다움의 추상적인 단어의 의미 해석도 인류가 지금까지 분석하고 연구해오고 있는 다양한 성서 해석학 방법론과 미학적인 틀 밖의 의

---

34. 서성록,『미술관에서 만난 하나님』(서울, 예영, 2003), 17~21쪽.

미이거나 범주일 수는 없다는 점이다. 여전히 미학적 신학의 연구 방법론도 하느님께서 값없이 제공하는 것이 아니라 인문학적인 방법론의 범주에 있는 것이며, 창조적인 '글쓰기' 방식으로써 미학적 신학의 구축을 위한 기존 신학과의 차별화를 시도할 여지는 있는 것이다.35 신학이라는 학문의 속성이 철학과는 달리 논리적인 오류가 없는 글쓰기에 있는 것이 아니라면 현대사회의 다양한 표현 매체를 통해 은유와 상징, 그리고 상상력을 환기할 수 있는 미학적 신학을 할 수 있는 방법을 모색하여 고답적인 신학적 글쓰기에 숨통을 열어야 한다는 것이다. 신학에서도 중요한 주제였던 '신 존재'를 증명하는 방법론은 안셀름 이후 신학자의 학문적 수고와 글쓰기로 오늘의 신학으로 발전한 것이라고 할 수 있다. 어느 학문 분야보다도 역사가 길고 다양한 방법론을 지닌 학문 분야임에도 불구하고 현대의 신학은 방법론적인 보수성으로 인해 다른 인접 학문으로부터 오히려 차별받는 학문으로 추락한 것에 대한 회복과 디지털 시대에 부합하고 인문학을 선도할 수 있는 독특한 글쓰기의 가능성은 여타 학문보다 신학이 예술평론 이상으로 내포하고 있다. 무엇보다 더 넓은 감성sensibilities의 신학 지평을 넓히기 위해서라도 종교와 예술의 관계성과 종교적 예술작품에 관한 연구 노력은 꼭 필요하다. '보는 것이 곧 믿는 것'이라는 현상학자의 주장을 차치하더라도 인간의 종교적 감성을 고양하기 위해서라도 그리스도교에서 이미지의 복원은 '언어 우상'을 끝없이 발전시켜왔던 신학 작업

---

35. 글쓰기 방식이란 기존의 논문 형식을 넘어 주해를 붙인다고 할지라도 수필, 시, 에세이, 일기와 같이 소위 '심미적 이성'이라는 감성적이며 이성적인 것이 혼재해 있는 미적인 글쓰기를 말함이다.

이상으로 필요한 것이다.

## 6. 감각과 신학

그리스도교는 감각이란 언제나 악의 유혹을 받을 수 있는 위험한 것으로서 이성의 지도를 받아야만 한다고 생각해 왔다. 특별히 감각이 있어야 하는 성 화상, 이미지에 관한 신학은 그래서 언제나 위험한 신학이었고 꺼리거나 아예 부숴 없애 버리는 것이 편한 담론이었다.

성스럽고 신성한 그 무엇을 경험한다는 것은 피상적인 관조적 태도를 넘어서, 인식이나 환영을 넘어서는 곳에 신에 대한 숭배와 봉헌이 있다.36 모든 신학 분야에 심미적 이성이라는 필터를 통해 새로운 글쓰기가 가능하리라는 기대를 당장 하지 않는다고 할지라도 특별히 전례학이나 예배학 분야에서 감각에 관한 연구는 매우 중요하다. 미국의 성공회 여성 전례학자인 마리안 믹스Marianne H. Micks는 『예배 현상학The Phenomenon of Christian Worship』, 1970)37에서 예배에 있어서 인간 오감이 어떻게 적용하는지에 대한 그 중요성을 말하고 있다. 여기에는 성 화상에 대한 시각, 교회 공간에 대한 몸의 유기적인 체험, 유향에 대한 후각, 평화의 인사에서 나누는 이웃 손의 온도, 성체의 나눔과 포도주의 맛에 이르기까지 사람이

---

36. Melvin Rader, 앞의 책, 271쪽.
37. 이 책은 필자가 맡은 전례학 강의 시간에 성공회 신학전문대학원생의 필독서로 선정해 읽고 있다.

감지하며 신과 소통하는 한 편의 예배 안에는 인간의 오감이 곳곳에 스며 있다. 집전자와 예식에 참여하는 사람에 따라 그 체감의 정도는 차이가 있겠지만 교회는 이러한 인간의 오감과 상상력을 극대화하기 위하여 예배를 드라마처럼 조작하기도 하며 제단을 장식하고 대중심리를 이용하기까지 하는 것이다. 하느님께 드리는 대중의 공적인 예배가 신학의 꽃이라고 한다면 그동안 신학이 이러한 예배에 어떤 영향을 주고 인도했는지 물을 필요가 있다. 학문과 현장이 언제나 괴리되는 신학과 교회의 틈에서 설교자의 음색, 몸짓까지 포함하는 예배가 해야 할 몫은 두드러진다. 예배에 실험이란 없지만 특성상 실험성이 강하고 예술적인 창조성이 개입할 여지가 많아서 그 형태가 다양할 수 있다. 미술, 음악, 스토리텔링, 연극, 춤, 영상에 이르기까지 예배에 활용할 수 있는 매체는 감각적이며 이러한 요소는 풍부한 종교적 감성으로 예배하게 한다. 전형적이고 고답적인 전례의 틀을 조금만 벗어나도 사람들은 자유하고 창조적이며 매력 있는 예배를 드릴 수 있는 것이다. 미학적 신학은 이러한 예배의 틀과 분위기를 형성하고 신학적인 이론적 받침을 동시에 제공할 수 있는 종합신학, 신학의 종합으로서, 실천적 덕목으로서 '심미적 이성'을 구현할 수 있는 적절한 장이다. 온몸과 정성을 다해 드리는 예배는 이성보다는 종교적 감성에 의존하는 예배이다. 교회 건축에서 양식과 질감, 비례, 조명, 색깔, 공간에 대한 미적 체험도 이성에 의하는 것이라기보다는 인간의 오감으로 인지하는 것이다. 예배학 분야뿐만 아니라 지루하고 어렵다고만 느껴지는 신학의 기본 텍스트로서 성서학 연구, 신학의 전 분야에도 다양한 심미적 이성이라는 미학적 방법론을 통해 새로운 신학 연구의 지평을 넓혀갈 수

있을 것이다.[38]

# 7. 이미지 토착화

오늘날 우리가 보고 있는 신의 도상圖像 이미지는 성서에 나타난 예수 이미지라고 하기보다는 교회사 안에서 교조화되거나 서양인 작가가 체험하고 표현한 조작된 그리스도 이미지다. 라틴 아메리카에서는 토착화 도상을 의도적으로 억제했으며 오늘날에 이르기까지 종교미술 분야에서 이국적인 미술은 타자의 미술로서 서자 취급을 받는 상황이다.[39] 교회 건축을 포함한 이러한 이미지를 탈식민주의와 오리엔탈리즘적인 시각에서 많은 학자가 비판하고 있는 것은 바로 우리 식의 이미지 형성에 대한 역사적인 단절을 원인 규명하는 것이며 현재 한국 그리스도교 문화에 대한 비판 연구라고 할 수 있다.

신의 이미지와 그 신학이 성서를 텍스트로 하여 각 시대의 정신과 문화 매체를 통하여 표현되었던 것처럼 오늘의 시대정신과 매체를 통하여 서구적 신의 이미지를 '우리 식'으로 표현해야 할 당위성이 있다고 한다면

---

38. 정양모 신부의 성서학 교실은 다양한 시청각 매체 이용과 성지순례의 풍부한 경험을 통한 교육으로 학생들에게 성서에 대한 친밀감과 상상력을 자극하는 흥미로운 시간이다. 미학적 신학이란 하나의 방법론으로서 이렇게 교실을 통해서도 이론과 실천을 동시에 할 수 있는 장르이다.

39. 국내 그리스도교 미술의 토착화에 관한 주목할 만한 논문으로는 최효준, "기독교 토착화 관련 성화 도상 구현의 의의: 20세기 전반 동북아시아 지역을 중심으로", 미술사학연구회, 『미술사학보』, 제18집, 127~149쪽을 참고.

우리 식이란 바로 '이미지의 토착화 신학'이라고 할 수 있다. 토착화에 관한 담론은 모든 인문학, 건축학 분야에서 오래전부터 지금까지 지속되고 있지만 종교적 이미지에 관한 연구는 드물다. 이것은 토착화 신학에서도 '이미지와 사상(신학)'의 상호관계성에서 모두 발전할 수 있는 소재임에도 불구하고 그리스도교 성화를 비롯한 토착화 작품의 예술성과 그 이론은 미진하다.40

한국 그리스도교인에게 있어서 그리스도 이미지는 그들이 출석하고 있는 교회 건축양식과 교회의 장소에 따라 다르겠지만, 대부분 백인 서양인 모습으로 그려지고 있으며, 교회에 장식된 성모 마리아를 비롯한 그리스도의 이미지도 대부분 서양인의 형상 이미지를 안치하고 있다. 이렇게 된 원인 논쟁은 이 글에서는 하지 않는다. 토착화 신학도 언제나 언어 우상 verbal icon 안에 갇혀 있다. 특히 그리스도의 모습은 시대와 각국의 문화에 적응하면서 변천했다. 종교적 관념이나 교리, 교파에 따라 다양한 형태의 그리스도 이미지가 표현되고 있어서 다양한 그리스도 모습에서 동일성을 찾기란 쉽지 않다. 우리 식의 이미지 제작은 우리의 영성이 요구되는 일이며, 우리의 신학 발전을 한층 고무시키고 신앙인의 신 관념에도 큰 영향을 미칠 것이다. 그러나 '우리 식'이라는 것에는 전통으로부터 새로운 것을 찾아내면서 어떻게 국수주의에 빠지지 않을 것인가라는 난제가 있

---

40. 김기창(운보)의 작품을 꼽을 정도지만 이것도 토착화 논쟁의 여지는 있는 작품이다. 오히려 그리스도교 국가가 아닌 중국과 일본에서 좋은 그리스도교 성화를 찾아볼 수 있는 것이 아이러니다. 이들 국가는 이미 작가와 학자와의 연대로 이미지 토착화에 관한 연구가 지속되고 있다. 일본의 대표적인 작가로서는 와타나베를 들 수 있다. Hans-Ruedi Weber, Immanuel, *The Coming of Jesus in Art and the Bible* (WCC, 1984)에 각국의 토착화 이미지 작품을 신학적으로 소개하고 있다.

으며, 글로벌이라는 새로운 세계질서 속에서 지역의 특수성과 정체성을 강요하고 있는 새로운 오리엔탈리즘의 난제를 극복해야 할 과제도 있다. 그런데도 우리의 그리스도 이미지, 종교적 이미지, 교회 건축, 성 가구 등을 찾아야 할 당위성은 분명히 있는 것이다.

## 8. 멀티미디어 사회에서 신학하기

이미지는 인간의 일상에서 공기처럼 호흡하고 있다. 이 중에는 인간에게 이익과 해악을 주는 이미지가 있으며 그 구분은 용도에 따라 명확하지 않다. 이미지는 조작자에 의해 바이러스처럼 전파되고 막강한 힘을 갖는다. 종교와 정치는 이러한 이미지의 속성을 적극적으로 활용하여 자신의 프로파간다에 활용하고 대중은 조작자가 언제나 일정하게 포장하여 제공한 이미지 앞에 모여 무릎을 꿇었다. 상황에 따라 이미지는 우상으로 변성하기도 한다. 그리스도교에서 신학자는 스토리텔러로서 이미지에 의미와 가치를 부여해 주거나 이미지를 파괴하는 이론적 뒤받침을 제공하였다.

현대의 이미지는 과거 소수의 이미지 조작자에 의해 제공된 이미지와의 관계성을 넘어, 테크놀로지의 힘을 빌려 모든 개인이 이미지 조작의 주체자가 되는 시대가 되었다. 구텐베르크 혁명 이상의 패러다임 변화가 왔다. 조만간 그리스도교회 신자는 천국과 지옥을 가상 체험할 수 있는 멀티 이미지 기반 위에서 신앙생활을 하게 될 것이다. 모든 신학교와 목회자는 새로운 멀티 이미지를 수용하고 그것을 매체로 교육할 것이며, 이것은 새로운 우상으로 숭배될지도 모른다. 다시금 이미지 담론으로써 성 화상 파괴 논쟁은 새롭게 제기되어야 한다.

신학, 현대 멀티미디어 사회에서 신학하기란 무엇을 의미하는 것일까. 더는 언어와 문자에만 의존하는 스토리텔러로서 신학적 기능은 한계가 보이는 듯하다. 끝없이 창출되는 새로운 멀티 이미지에 대하여 과거 성 화상에게 그랬듯이 어떤 의미와 가치를 부여해 줄 것인지, 새로운 종교 디지털 이미지를 구축하는데 어떤 이론적인 토대를 제공할 수 있을 것인지가 신학자와 인문학자가 떠안아야 할 과제다. 그래서 신학을 '심미적 이성'이라는 모호한 시각으로 새롭게 구축해 보자는 것이다. 이미지는 그것이 멀티든 디지털이든 인간의 감성과 상상력을 기본으로 구축되기 때문이다.

과거 중세기의 성 화상 논쟁을 통한 이미지 담론에서 현대교회는 새로운 이미지 시대에 적절한 힌트와 지혜를 얻을 수 있을 것이며, 미학적인 시각이나 심미적인 글쓰기 방식을 통해 신학하기를 새롭게 구축해 나갈 수 있다고 기대해본다. 전통적인 논문의 틀을 벗어나 신학자는 하느님과 교회에 관한 스토리텔러로서, 수필이나 소설, 시와 같은 다양한 매체를 통해 시대정신을 담는 현장성 있는 신학적 이미지를 형성해 갈 수 있을 것이다.

제7장 인권과 재난

# 고통의 세월, 우리는 무엇을 겪었는가[1]

문호승·전 가습기살균제사건과 4·16세월호참사 특별조사위원장


## 그날의 기억

2014년 4월 16일 오전 8시 48분경 전라남도 진도군 조도면 부근 해상에서 세월호가 침몰하는 참사가 발생한 이후 8년 정도가 흘렀다. 여전히 참사를 애도하고 '잊지 않겠다'라는 이들도 있지만, 이제 세월호는 '지겹다'라고 말하는 이들도 있다. 하지만 한 가지 분명한 사실은 세월호를 애도하

---

1. 이 글은 가습기살균제사건과 4·16세월호참사 특별조사위원회가 출간한 『4·16세월호참사 종합보고서』(2022년 9월 1일) 가운데 16쪽~43쪽 내용을 발췌하여 소개한 것이다. 2022년 10월 25일(화) 저녁에 다문화평화교육연구소가 주관한 '시민과 함께하는 인권 서로배우기' 일곱 번째 강좌인 '인권과 재난-재난 피해자의 인권'을 주제로 문호승 박사가 강의를 맡았다. 문호승 박사는 가습기살균제사건과 4·16세월호참사 특별조사위원장을 역임했고 강의 중에 소개한 『4·16세월호참사 종합보고서』 가운데 강의와 연관해서 발췌해서 소개함을 밝힌다.

는 사람들, 세월호 이야기에 무관심해진 사람들 모두 공유하는 기억이 있다는 점이다. 4월 16일 우리는 배가 침몰하고 있다는 소식을 접하고 수많은 생명이 희생되는 과정을 목격하며 큰 충격과 슬픔에 빠졌다. 참사의 피해자뿐 아니라 전 국민이 참사 당일 어디서 무엇을 하다가 그 소식을 접하게 되었는지 생생하게 기억할 만큼 큰 충격을 받았고, 사고가 일어나고 이후 진행되는 과정에서 상처받은 기억을 현재까지 안고 있다. 이 상처는 '지겨움'이 아니라 '트라우마'라 일컫는 것이 합당하다.

그날에 대한 선명한 기억이 각인되어 현재까지 이어진 것과는 별개로 우리는 세월호참사에 대해 제대로 이해할 기회가 없었다. 세월호참사의 진상을 규명한다는 목표로 2015년 4·16 세월호참사특별조사위원회(이하 '세월호특조위')가 출범했지만 조사 업무를 마무리하지 못한 채 2016년 9월 강제 해산되었고, 2017년 4월에 출범한 세월호선체조사위원회(이하 '선조위') 역시 확실한 침몰 원인을 도출하지 못한 채 두 개의 보고서를 제출했다. 이처럼 세월호참사에 대한 공식 설명이 없었던 이유는 세월호참사가 그만큼 복잡했다는 측면도 있지만, 더 근본적으로는 이 사건의 진상을 규명하는 일을 저마다 다르게 인식하고 있다는 점에서 찾을 수 있다. 세월호참사에 대해 한국 사회가 규명하고자 하는 '진상'이란 무엇을 의미하는지, 그러한 진상에는 어떻게, 어디까지 접근할 것인지 등을 충분히 논의하지 못했다. 즉, 한국 사회가 세월호참사를 이해했다고 말하기 위해 전제되었어야만 했던, 진상규명이란 무엇인지에 관한 성찰과 공감대가 부족했다.

이처럼 세월호참사의 전모에 대한 공인된 설명이 부재한 상황에서 정부는 악의적으로 정보를 날조했고, 그 결과 배·보상 등에 관한 근거 없는 이야기가 확대 재생산되었으며 참사 피해자는 사회적으로 고립되어 갔다. 참사의 책임을 묻고 향후 대책을 마련하기 위한 실마리로 공식적인 진상 규명 작업이 필요했지만, 이 작업이 계속 미루어지는 동안 참사 원인 가운데서도 자극적인 내용에만 관심이 쏠렸고, 결국 국민과 피해자는 애도의 시간도 충분히 갖지 못한 채 치유하고 회복할 희망을 점차 잃어가고 있다.

이 보고서는 지금까지 공인된 설명을 듣지 못했던 독자가 세월호참사를 소상히 되돌아보도록 작성한 기록이다. 세월호는 어떻게 침몰했는가? 왜 그토록 수많은 생명이 희생되어야만 했는가? 세월호의 피해자는 지금까지 어떤 아픔을 겪어왔는가? 피해자가 지금까지 진상규명을 요구해왔던 이유는 무엇인가? 왜 어떤 이들은 세월호참사 피해자에게 공감하지 못하고 피로하다고 느끼게 되었는가? 한국 사회는 세월호참사 피해자와 어떻게 연대할 수 있는가? 참사가 일어난 지 8년, 2022년이 된 지금도 우리는 이 질문에 답을 하지 못한 채 선정적인 언론 보도와 정치인의 무책임한 발언을 수없이 들어왔다. 피해자는 계속해서 의문을 제기하고 제대로 조사할 것을 요구했지만 그 목소리는 왜곡되거나 무관심 속에 묻히고 말았다. 2014년 4월 16일의 기억으로 다시 돌아가, 참사 이후 오늘날까지 이어지고 있는 피해자의 고통을 살피는 것을 시작으로 복잡다단한 세월호참사의 전모를 조명해 보자.

## 배반당한 신뢰

2014년 4월 15일 오후 9시, 짙은 안개 속에서 476명이 승선한 세월호가 제주도를 향해 인천항을 떠났다. 배가 출발하고 얼마 후 갑판 위 하늘에 화려한 불꽃이 펼쳐졌다. 제주도로 수학여행을 가기 위해 세월호에 탄 안산 단원고 2학년 학생 325명은 레크리에이션 강사와 게임을 하고 갑판 위에 올라가 불꽃놀이를 보면서 그간 학업과 일상으로 지친 마음을 달랬다. 다음 날인 4월 16일 아침 8시, 단원고 학생들은 아침 식사를 하고 삼삼오오 모여 이야기를 나누었다. 밤늦게까지 베개 싸움을 하느라 잠을 설친 몇몇 학생은 느긋하게 쉬기도 했다. 친구와 함께 바다를 배경으로 사진도 찍었다. 제주도 수학여행의 설레는 여정이 이제 막 시작된 참이었다.

하지만 갑자기 배가 기울기 시작하면서 상황이 급변했다. 오전 8시 52분, 한 학생이 119에 구조 요청 신고를 했다. 선내에는 가만히 있으라는 방송이 울렸다.

> 우왕좌왕하는 사이에 대피 방송, 기다리라는 방송이 나왔잖아요. 저희는 아무런 지식도 없었고, 처음에 탈 때 무슨 일이 생기면 어디로 나가는 교육도 없었기 때문에, 아무래도 승무원이나 선장이 저희보다 지식이 많으니까 믿어야겠다는 생각, 더 안전할 거라는 생각이 들어서 그 말을 믿고 계속 기다릴 수밖에 없었던 것 같아요. (승선했던 단원고 한 학생 증언)[2]

수학여행 전 학교 강당에서 파워포인트 자료를 보며 안전 수칙에 관해 간단히 설명을 듣긴 했지만, 구명조끼를 착용하는 방법이나 세월호 안 탈

---

2. 광주지방법원, 2014년 고합 180, 공판기록, 제07권, 증인신문조서, 증인 ***(2014. 7. 28.), 10~15쪽.

출 경로에 관한 설명은 듣지 못했다. 하지만 개개인이 아닌 모두의 안전을 위해 방송에 따라 질서를 지켜야 한다는 생각이 들었다. 누가 움직이면 "주변에서 야유했고, 선생님도 주의를 주었다.", '가만히 있으라'는 방송이 10번 넘도록 나오는 동안, 학생들은 해경을 기다리고 있었다.

가만히 있다가 헬리콥터랑 … 해경이 온대요. 뭐 계속 알려줬어요. 30미터 전이라고 이렇게.[3]

하지만 해경은 선내에 모습을 보이지 않았고, 배가 더욱 급격히 기울며 가구가 쓰러지고 물이 밀려들자 더는 가만히 있을 수 없었다. 승객은 선실 내 캐비닛을 뒤져 구명조끼를 찾아 입고, 미끄러운 벽을 더 잘 오르도록 신발을 벗었다. 선생님과 학생, 일반 승객은 서로 손을 내밀고 잡았다. 공포가 물밀 듯이 몰려들었지만, 학생들은 "혼자였으면 얼마나 무서웠겠냐", "정신만 차리면 산다고, 정신 차리자고, 서로 믿자"라고 말하며 서로 의지했다. 배 안에서 일반 승객은 단원고 학생에게 허리를 내어 밟고 밖으로 나가도록 도와줬고, 커튼을 묶어 만든 줄과 고무호스를 내려 허리에 묶게 하고 줄을 끌어 올렸다. 배 밖으로 탈출한 학생은 바다에 뛰어내리고 가까스로 구명보트까지 올라가 배 안의 상황을 알렸다. "저 뒤에 애들 엄청 많았다고. 저 뒤에 애들 아직 많다고."[4] 하지만 선내에서 구조되기를

---

3. 4·16세월호참사특별조사위원회, "단원고 학생 생존자 및 가족 대상 실태조사 연구", (2016), 40쪽.
4. 앞의 자료, 47쪽.

기다리던 승객은 국가로부터 외면당했다.

침몰하는 세월호 안 승객은 국가가 자신들을 구해주리라 믿었지만 차갑게 배반당했다. 배의 안전을 책임지고 유사시 승객이 탈출하도록 도왔어야 할 선장과 일부 선원은 배를 버리고 가장 먼저 탈출했다. 신고받고 현장에서 인명구조 작업에 뛰어들었어야 할 해경은 구조 요청을 외면하고 배 안으로 들어가지 않았다. 한 생존 학생은 이렇게 말한다. "배 속에 있던 승객이 다 도움 주고, 뭐 해경이나 그런 분들한테는 도움을 받은 적이 아예 없어요."[5]

피해자는 세월호참사를 계기로 우리나라가 안전하다고 생각했던 그간의 믿음이 오해에서 비롯되었다는 점을 깨달았다. 이들은 "'우리나라는 이런 나라였구나' 하는 걸" 느낀다.[6] "대한민국이라는 나라가 … '내 아이, 지금 남은 아이까지도 뺏어가면 어떡하지?' 이런 불안감, 그런 것 때문에 나라에 대한 모멸감"이 들기도 했다.[7] 세월호참사는 국가가 국민을 보호할 것이라는 기본적인 신뢰를 산산조각냈다.

## 방치된 혼란

탈출한 생존자는 이후로도 방치된 채 국가에 보호받지 못했다. 생존 학생은 중간 경유지로 도착한 서거차도에서부터 무분별한 취재 경쟁에 그

---

5. 앞의 자료, 46~47쪽.
6. 김정해·4·16기억저장소, 『그날을 말하다: 주현 엄마 김정해』, 한울(2020), 103쪽.
7. 앞의 책, 116쪽.

대로 노출됐다. 물에 젖어 추위에 떨고 있는 학생들에게 기자들은 카메라를 들이댔고, 이들의 모습은 여과 없이 방송을 통해 전국에 전파됐다. 생존자가 팽목항과 진도실내체육관(이하 진도체육관)에 도착해 가장 먼저 마주한 상황은 극도로 혼란스러웠다.

> 그 무정부 상태라는 말이 딱 맞는 정도로 혼란스러웠어요. 2차로 버스를 타고 진도실내체육관에 딱 내려서 체육관에 들어가 보니까 거기는 아수라장이었죠.(생존 학생의 증언)8

생존자는 당시의 상황을 '지옥과 같은 혼란한 상황'이었다고 회고한다. 수많은 기자가 막무가내로 달려들어 학생들을 향해 "어떻게 나왔냐고", "기분이 어떻냐고", "친구들은 어떻게, 친구들 선생님들 어떻게 된 것 같냐고" 질문을 쏟아냈다.9 정치권이나 지역의 "높으신 분이 오셔서 이렇게 저희를 다독이신다 하면은 그렇게 포즈를 취하시고 사진을 막 찍"었다.10 생존 학생을 향해 기자들은 "돈 줄 테니까 제발 인터뷰 좀 한번 해달라"고 부탁했고,11 옆에서 몰래 듣고 있다가 대화 내용을 그대로 보도하기도 했다.

---

8. 4·16세월호참사특별조사위원회, "피해자지원 실태조사 1,2과제 최종보고서", 피해자지원점검과(2016. 9. 19.), 14쪽.

9. 4·16세월호참사특별조사위원회, "단원고 학생 생존자 및 가족 대상 실태조사 연구", (2016), 50쪽.

10. 앞의 자료, 153쪽.

11. 앞의 자료, 152쪽.

안산의 단원고에서 학부모 역시 극도의 혼란을 겪었다. 참사 직후 학부모는 학교에서 현재 어떤 상황인지 아무런 정보를 듣지 못한 채 언론을 통해 소식을 접하고 학교로 모였다. 단원고는 학부모의 문의와 항의가 계속되자 해경과 언론 등을 통해 얻은 정보만으로 수학여행을 떠난 학생이 전원 구조되었다는 잘못된 문자메시지를 학부모에게 거듭 전송했다. 급하게 올라탄 진도행 버스 안에서 학부모는 전화를 돌리고 인터넷을 검색했지만, 구조 상황에 대한 어떠한 설명도 듣지 못했다.

현장에 도착해서도 누가 구조됐는지 아닌지조차 제대로 알기 어려웠다. 구조본부, 진도군 등이 생존자 명단 작성을 위한 명확한 역할 분담을 하지 않은 상황에서 진도체육관 시설 관리 담당자가 체육관에 들어온 생존자에게 직접 이름을 받아적는 방식으로 생존자 명단을 작성해나갔다. 이 과정에서 구조 후 곧바로 병원으로 이송된 생존자의 정보를 취합하지 못했고, 승선자 정보가 잘못 흘러들어 생존자가 아직 구조되지 않은 실종자로 게시되기도 했다. 급히 현장에 도착해 구조자 명단을 보고 가족 이름을 확인하지 못한 사람들은 오열했다. 생존자 가족은 하루가 지난 4월 17일 오후까지도 정확한 구조자 명단을 확인할 수 없었다.

정부 부처와 관계자는 이처럼 극도로 혼란스러운 상황을 방치했다. 당시 진도체육관에 있었던 해양수산부, 안전행정부의 고위공무원은 관계 공무원을 소집하거나 현장을 지휘하지 않았다. 안전행정부는 '해상사고는 해양수산부 소관'이라며 현장 지휘에 나서지 않았고, 해양수산부는 역시 적극적으로 움직이지 않았다. 국가가 잘못된 정보로 오히려 혼란을 더하고 현장을 방치하는 아수라장 속에서 생존자와 희생자 가족은 더 깊이 상처받고 있었다.

## 멈춰버린 시간

참사 다음 날 생존자 가족이 대부분 귀가하고 실종자 가족은 진도체육관에 남았다. 아무도 책임 있게 설명해주지 않는 상황에서 실종자 가족은 진도체육관에서 나와 수난 현장에 조금이라도 더 가까운 팽목항으로 자리를 옮겼다. 진도체육관보다 더 열악한 환경이었지만 팽목항에 임시로 설치된 천막에서 브리핑을 듣고 실종된 가족을 기약 없이 기다리는 "그런 하루가 매일매일 반복"됐다.[12] 가족을 기다리는 반복된 날들 앞에서 시간의 흐름은 낯설기만 하다. "진도에 꽃 필 때 왔는데, 모심고 있네, 나락을 베네, 단풍 드네 … 계절 바뀌는 걸 보면 답답"하다.[13]

4월 16일 세월호참사 이후 실종자 가족, 유가족을 포함한 피해자의 시간은 멈췄다. 가족을 보내고 남은 사람들은 상념과 죄책감으로 하루하루를 보냈다. 밤늦게까지 사진을 보며 울다가 간신히 잠들고, 그러다가 밤낮이 바뀌는 게 일상이었다. 심한 우울증과 불면증으로 수년간 수면제와 안정제에 의존했지만 나아지지 않았다. 한 유가족은 이렇게 말했다. "우리는 아직도 2014년 4월 16일을 살고 있다"[14] 세월호참사 피해자의 시간은 여전히 흐르지 않는다.

---

12. 4·16세월호참사 시민기록위원회 작가기록단, 『금요일엔 돌아오렴: 240일간의 세월호 유가족 육성기록』, 창비(2015), 268쪽.

13. 앞의 자료, 269쪽.

14. "[르포] '아고라'된 광화문 광장…꿈틀거리는 시민들", 노컷뉴스(2015. 4. 12.).

피해자는 4월 16일 이전의 평온한 일상으로 돌아갈 수 없음은 물론이거니와 이후로도 고스란한 시간의 흐름을 경험할 수 없었다. 피해자는 참사이후 가족과 지인의 죽음을 온전히 애도할 만한 시간을 갖지 못했다. 희생자를 추모하고, 참사를 기억하며, 이로부터 한국 사회가 성찰하는, 너무나도 당연한 일련의 절차가 무시됐다. 정부는 피해자를 거리로 내몰고 사회밖으로 밀어내며 피해자의 시간에 역행하기도 했다. "기억 교실이나 팽목항, 분향소 같은 장소들이 하나둘 사라질 때마다 마음에 구멍이 계속 뚫리는 느낌이에요"[15] 추모 시설의 건립과 운영을 둘러싸고 지역사회는 갈등했고, 정치권은 선거를 위해 그러한 갈등을 더욱 증폭시켰다.

2022년 4월 16일 안산 화랑유원지에서 '기억, 약속, 책임'이라는 제목으로 열린 8주기 기억식에서 피해자는 새 정부에게 진상규명의 약속을 꼭 지켜달라고 요청했다. 응급구조사가 되어 기억식에 참석한 한 단원고 생존 학생은 "계속해서 학생의 신분에 머쳐 있고 성인이 될 줄은 몰랐는데 26살이 되어버렸네요. 제가 성인이 되어 사회생활을 하는 지금쯤이면 조금은 진상규명에 가까워질 수 있을 거로 생각했는데 아니네요. 시간이 흐르면 흐를수록 '그만하라' 말하는 사람들이 많아지네요"라고 말했다.[16] 세월호참사 이후 8년, 희생자를 온전히 추모하고, 진상을 규명해 국가의 책임을 묻고, 사회가 더욱 안전해질 수 있는 장치를 마련하는 마땅한 시간의 흐름에서 점점 멀어지기만 한 것이다.

---

15. 4·16세월호참사 시민기록위원회 작가기록단, 『그날이 우리의 창을 두드렸다: 세월호의 시간을 건너는 가족들의 육성기록』, 창비(2019), 353쪽.
16. "'벌써'가 아니라 '아직' 8년…"尹 당선인, 진상규명 약속 지켜달라'", 노컷뉴스(2022. 4. 16.).

## 국민을 적대시한 국가

국가는 피해자를 감시와 억압의 대상으로 여겼다. 현장에서 가족의 생환을 기다리던 가족 사이에서 수상한 일이 계속해서 벌어졌다. 실종자 가족인 줄 알고 함께 있었던 몇몇 사람들이 알고 보니 경찰로 확인되었고, '가족 대표' 행세를 하던 사람도 위장한 것으로 발각됐다. 가족이 생활을 기다리는 공간이었던 팽목항 가족 숙소에서 같이 자던 사람들 가운데 정보관도 섞여 있었다.

사복경찰들이 부모들 막 이야기를 하고 있으면 스윽 와서 듣는 거예요. 근데 이제 사복 입으니 누군지 모르잖아요. 근데 표가 나요. 등산복 차림에 좀 이렇게 깎아지른 이런 밤톨 머리에 그 무전기에. 그니까 한참 이야기를 하다가 스윽 가면, 가서 인제 '지금 이런 상태고요. 가족들은 이런 상태고, 그담에 큰 동요는 없는 것 같습니다'(하고) 통화하는 걸 들킨 거죠. 가족들한테. 그래서 멱살을 잡고.(유가족 홍영미)[17]

극도의 혼란 속에서 실종자 가족은 정부와의 소통 채널 확립 등을 요구하며 청와대 항의 방문을 계획하고 실행에 옮겼다. 경찰은 1,800여 명에 이르는 병력을 배치하며 이를 저지했다. 경찰은 가족을 에워싸고 행진을 차단하며 "이것은 명백한 불법 행위"라 질타했다. 언론은 현장의 문제와 실종자 가족의 요구사항은 보도하지 않고 가족의 청와대 방문을 시도하

---

17. 홍영미·4·16기억저장소, 「그날을 말한다: 재욱 엄마 홍영미」, 한울(2020), 59쪽.

다가 경찰과 대치하고 있다는 점만 보도했다. 정부는 피해자를 국론 분열을 노린 반정부 세력으로 취급했고 이들을 더 강하게 감시했다.

열악한 상황에서 바닷물 속에 뛰어들어 희생자를 수습했던 잠수사는 동료의 죽음을 슬퍼할 겨를도 없이 업무상과실치사 혐의로 해경에게 고발당했다. 세월호참사 당시 잠수사는 목숨을 걸고 바다에 뛰어들었는데도 말이다.

> 저희가 잠수하면서도 '너무 무리합니다, 너무 무리합니다' 그래도 물에 들어갔어요. 그때 해수부 장관이나 경찰청장이 들어가 달라고…, 들어가면 안 되는 상황인데도 들어갔습니다. '다치면 책임지겠냐?'고 (하니까) '책임지겠다'고까지 얘기를 했어요, 해경이나 해수부 장관이 나중에는 책임지지 않았지만 지금까지도.(잠수사 김상우)[18]

참사 이후 여러 후유증에 시달리며 살아온 잠수사를 고발한 국가에 대해 잠수사들은 "이 나라가 진짜로, 정말로 실망"스럽다고, "우리 써먹고 버린 거 같다"라고, "자존심 떨어지고 슬프다"라고 말한다. 유가족이 보기에도 잠수사들이 "목숨 걸고 잠수를 해내서 아이들을 다 데리고 왔다는 (상황을) 우리는 뻔히 아는데 그것을 다 묻어두고, 정의를 묻어두고 이 사람들 고소, 고발"을 하는 것은 "진짜 국가 폭력"이었다. 2015년 9월 15일 국회 안전행정위원회 국정감사에 참고인으로 출석한 한 잠수사는 이렇게 말했다.

---

18. 김상우·4·16기억저장소, 「그날을 말한다: 잠수사 김상우」, 한울(2020), 46쪽.

누군가 책임을 져야 한다면, 왜 그게 저희 민간 잠수사입니까? … 저희가 양심적으로 간 게 죄입니다. (앞으로) 어떤 재난에도 국민을 부르지 마십시오. 정부가 알아서 하셔야 합니다.[19]

## 치유되지 않는 상처

참사 이후 정부가 생존자를 위해 마련했다는 심리 지원 프로그램은 초기에 피해자의 아픔을 치유하기보다는 더 마음에 생채기를 내고 정부를 불신하게 했다. 단원고 생존 학생은 참사 당일 병원에 입원해 400문항에 답하는 고강도의 심리검사를 받고 2014년 4월 30일부터 연수원에 입소하여 '힐링' 프로그램에 참여했다. 하지만 아침부터 밤까지 주5일로 진행되는 프로그램은 참사를 겪은 지 얼마 안 된 생존자가 정서적으로 안정을 찾고 회복하기에는 지나치게 압축적인 일정이었고, 학생은 강제적인 분위기 속에서 자신들이 정신의학의 '실험 대상'이 된 것 같다고 느꼈다.

피해자 지원 프로그램이 놓친 대상도 있었다. 단원고가 참사 당일 임시 휴교에 돌입하고, 부모들이 모두 생사 확인을 위해 진도로 이동한 상황에서 실종 학생의 미성년 형제자매는 학교나 집에 혼자 남겨졌다. 생존 학생이 연수원에 부모와 동반 입소해 있는 동안 형제자매는 집에서 혼자 도시락을 먹으며 시간을 보내야 했다. 미성년 형제자매가 남은 가족으로서 느끼는 고통은 자기혐오와 공포의 감정으로 나타나기도 했다.

---

19. "어느 세월호 민간 잠수사의 죽음", 시사IN (2016. 7. 5.).

한동안은 거울을 못 봤어요. 거울을 못 봐서 다 덮어놓고, 헤어드라이어를 켜면 무서운 느낌? 소리에 깜짝 놀라고, 가스레인지 켜놓은 것도 다섯 번씩 왔다 갔다 확인하고, 확인해야 마음이 편해요.(희생 학생의 형제자매)[20]

경기도교육청은 희생 학생의 형제자매가 재학한 학교에 상담 인력을 배치했지만, 이마저도 해마다 재계약되거나 교체되어 "했던 일을 또 얘기해야 하는 상황들이 또 생기고 … 이런 상황들이 생겨서 많이 힘들어하고 그 이후에는 아예 끊"는 일들이 발생했다.[21] 또한 형제자매들은 "상담사 분이 세월호 사고에 대해 이해를 굉장히 못하고 계시는 느낌"을 받거나,[22] "상담 시간 내 대답을 하지 않는다고 재촉하여 상담에 대한 거부감이 높아"지기도 했다.[23] 생존 학생을 대상으로 한 심리 지원 프로그램이 상당 부분 피해자의 공감 없이 진행되면서 상처를 치유하기가 더 어려워졌다.

치유되지 않은 상처는 계속 남아있을 뿐 아니라 더 커지기도 했다. 2015년 세월호피해지원법이 제정되면서 정부는 의료비 지원 기한을 2016년 3월 28일로, 정신질환 검사 및 치료 기한을 2020년 3월 28일로 설정했다. 하지만 수년간 트라우마에 시달리다가 의료비 지원이 끊기는 시점에서야 드러나기 시작하는 아픔도 있다. 현장에서 받은 충격 외에 참사 이후 정부

---

20. 성균관대학교산학협력단, "세월호참사 피해자지원 심화 연구 최종보고서 2권", 가습기살균제사건과 4·16세월호참사특별조사위원회 (2019), 315쪽.

21. 앞의 자료, 302쪽.

22. 경기도교육청 중등교육지원과, "세월호 사고 희생자 형제자매 및 직계비속 심리치유 현황 제출", (2014. 9. 1.), 75쪽.

23. 4·16세월호참사특별조사위원회, "(직라-13)치유회복프로그램 운영 실태 등에 관한 통화조사 결과보고", 3쪽.

행태로 인해 2차로 생긴 트라우마도 있었다. 세월호참사 피해자가 겪은 여러 정신적인 상처가 치유되기에 5년이라는 기한은 너무 짧았다. 한 잠수사는 여전히 "정부에 버림받은 거에 대한, 진상규명 똑바로 안 된, 그 담에 치료 지원이 안 된 것들에 대한 울분"을 안고 있다고 말한다. 치료 지원을 제대로 못 받은 한 잠수사는 이렇게 말한다. "치료 못 받는 것? 큰 울타리로 보면 중요하지 않다. 이 사회(전체)가 그렇게 되고 있다는 것, 그게 문제지. 세월호는, 세월호 자체만으로 끝나는 게 아니라 사회의 현 모습이다."24

## 세월호참사라는 꼬리표

지금까지도 많은 피해자가 자신이 세월호참사와 관련된 사람이라는 사실을 되도록 숨기면서 살고 있다. 어떤 모임에 나가든 누군가가 먼저 세월호 피해자임을 눈치채고 물어볼까 봐 두렵다. 세월호 유가족이라는 사실이 밝혀지는 순간 이들은 웃을 수도, 울 수도 없는 상황에 처한다. 한 유가족은 이를 '나비 효과'라 부른다.

내가 가서 울면 그 사람이 슬플까 봐 … 광화문 가서 엄마들이 뭐라고 했냐면 우리가 너무 무겁게 가라앉아 있고 울고 있으면, 시민들이 우리한테 와서 말도 안 건다고. … 그런데 광화문에서 웃으니까 페이스북에 '애 잃고 웃네' 그런 게 올라온 거예요. '광화문에서 웃지 마. 사람이 왔을 때 웃어.'25

24. "어느 세월호 민간 잠수사의 죽음", 시사IN (2016. 7. 5.).

참사 당시 수색 활동을 위해 바닷물에 뛰어들었던 잠수사들은 이후 채용에 어려움을 겪었다. 세월호참사의 수색 활동에 참여했던 잠수사들이 골괴사 같은 질환을 앓고 있다는 소식이 알려지면서, 관급공사 현장에서는 신체검사 한 뒤 해당 질환을 앓고 있음을 확인하면 고용하지 않았다. 민간 현장에서도 마찬가지였다. '세월호참사 수습에 참여한 잠수사는 건강이 좋지 않다'라는 선입견 때문에 채용 과정이나 업무를 수행할 때 부당대우를 받았다. 세월호참사로 인한 신체적, 정신적 피해가 그 자체로 꼬리표가 되어 이후의 삶을 완전히 뒤바꾸어 놓은 것이다.

## 진실과 정의를 향한 연대

참사 현장을 수습하지 않고, 언론을 통해 진실을 왜곡하고, 국민을 적대시한 정부를 상대로 피해자는 세월호참사의 진실을 밝히고 피해자 인권을 보장받기 위해 적극적으로 연대했다. 2014년 5월 5일 200명이 넘는 단원고 피해자 가족은 '세월호 사고 희생자/실종자/생존자 가족대책위원회'(현 사단법인 4·16세월호참사가족협의회, 이하 4·16가족협의회)를 발족하고, 국회를 상대로 철저히 진상규명을 하기 위한 특별법을 제정하라고 요청했다. 하지만 정치권의 결정은 계속해서 미뤄졌고, 피해자는 전국민 서명운동과 100일 넘는 농성을 하며 가까스로 국회에서 특별법이 통과되도록 했다. 비록 특별법은 4·16가족협의회의 요구사항에 비하면

---

25. 4·16세월호참사 시민기록위원회 작가기록단, 『그날이 우리의 창을 두드렸다: 세월호의 시간을 건너는 가족들의 육성기록』, 창비(2019), 301쪽.

미흡했지만, 이에 근거하여 세월호참사에 대한 공식적인 조사 활동이 개시될 수 있었다.

참사 현장과 진상규명을 촉구하는 길거리에서 힘을 보탠 시민사회의 작은 도움의 손길이 있었다. 서거차도 주민은 세월호로부터 막 탈출한 생존자를 따뜻하게 맞이하고, 언론에서 무분별하게 취재할 때 보호하고자 했다. 진도의 택시 기사는 희생자 가족을 위해 진도체육관과 팽목항으로 오가며 봉사했다. 참사 당일 저녁 안산시민은 곳곳에서 촛불을 들었고, 4월 17일 '무사 귀환을 위한 안산시민들의 모임'을 결성했다. 이후에는 '세월호 문제 해결을 위한 안산시민대책위원회'라는 이름으로 피해자와 연대하며 여러 활동을 이어갔다. 4월 19일 대학생연합동아리 알트(ALT) 회원 7명은 리본 500개를 만들어 서울 신촌에서 시민에게 나누어주기도 했다.

이제 많은 참사 피해자가 봉사자로 나서고 있다. 이들은 사고 이후 자신을 도와줬던 자원봉사자에게 큰 고마움을 느껴 봉사를 시작하게 되었지만, 궁극적으로는 더 나은 세상을 만들기 위해서 봉사한다고 말한다. 2022년 5월 경북 울진 산불 현장에 봉사 활동을 다녀온 한 유가족은 "세월호참사 때 자원봉사자에게 받았던 고마움을 다른 피해자에게 전하고 싶었다"라며 "유가족도 아이와 똑같이 '가만히 있으라'는 말을 듣고 있지만, 이 말에 두 번 당하지 않고 계속 싸울 것"이라고 말했다.[26]

세월호참사 피해자는 진상규명을 통해 피해자 인권을 되찾고 안전 사회를 만들 초석을 마련하기 위해 힘겹게 싸워왔다. 피해자는 온전한 진상규명을 위해 세월호특별법 제정 운동을 펼쳤고, 이로써 진상규명 활동을

---

26 "'유족다움' 벗으려 하이힐 꺼내 신었습니다", 서울신문, (2022. 4. 14.).

제도화하는 데 이바지했다. 시민은 단체 구성원으로서, 노란 리본과 촛불을 든 개인으로서 이러한 움직임에 연대하며 힘을 보탰다. 피해자는 정부의 방해 공작으로 인해 정식 조사위원회가 제 기능을 발휘하지 못하고 해산하자 국민조사위원회를 발족시켜 사회적참사특별조사위원회(이하, 사참위)가 출범하기 전까지 진상규명 활동을 이어 나가고자 했다. 세월호참사 피해자의 인권을 되찾고자 하는 노력은 비단 세월호참사에만 국한된 것이 아니다. 세월호참사 피해자가 이후 발생한 재난 현장들을 찾아가고 그들과 연대했던 것처럼, 진실과 정의를 향한 피해자의 발걸음은 다른 참사 피해자가 인권을 보장받을 수 있도록 하고, 우리 모두 안전한 사회에서 살 권리를 확보하려는 과정이었다.

## 세월호참사의 기록, 공동체의 회복

참사 이후 8년, 세월호가 한국 사회에 남긴 깊은 상처를 어떻게 치유할 수 있을까? 세월호참사를 기록함으로써 피해자를 포함한 사회 전체의 공동체 회복을 향해 발걸음을 내디딜 수 있을까? 세월호참사의 전모를 낱낱이 파헤치고 이것을 정확히 기록하는 일은 피해자에게 공감하고 시민사회의 연대를 이루어내는 출발점이 될 것이다. 피해자는 2014년 4월 16일 평온했던 일상을 산산조각 내버린 참사의 원인이 무엇인지, 그리고 그 이후 국가가 어떻게, 왜 그렇게 대응해왔는지 알 권리가 있다. 또 같은 날 세월호참사 소식을 접한 모든 국민 역시 세월호참사의 발생 원인, 수습 과정, 후속 조치와 관련된 사실관계와 책임 소재의 진상을 이해할 권리가 있다.

이처럼 세월호참사에 대한 국민의 알 권리를 보장하는 깃이 국가기관인 사참위의 일차적 역할이라면, 이 보고서는 세월호참사의 진상에 대해 국가가 내놓을 수 있는 최선의 설명이어야만 한다. 세월호참사는 배가 출항하기 전에 벌어졌던 허술한 관리, 4월 16일 침몰 과정에서 배를 버리고 그 안의 무수한 생명을 저버린 선원과 해경, 피해자를 보호하기는커녕 적대한 국가, 조롱을 일삼으며 피해자를 사회적으로 고립시켰던 일부 시민과 정치권 인사, 대중매체의 행태를 모두 포함하는 장기간의 사회적 참사다. 세월호참사 보고서는 사참위에서 현재까지 진행한 수년간의 조사 작업에 기반하여 이 모든 과정을 담고자 했다. 이 보고서가 수행해야 할 일차 과제는 바로 우리가 다 같이 지닌 공통의 기억, 즉 침몰 순간의 공통 기억에서 출발해 합리적이고 논리적으로 모두가 이해할 만한 참사의 전모를 밝히는 길을 여는 것이다.

세월호참사는 2014년 4월 16일 특정 장소에서 일어난 돌발적 사고가 아니었다. 재난을 예방하고, 대응하고, 사후 지원하는 과정에서 오랜 기간 국가가 책임을 다하지 못한 결과였다. 세월호참사의 원인과 그에 대한 책임은 4월 16일 세월호가 침몰하는 와중에 배를 버리고 떠난 선원이나 적극적으로 구조에 임하지 않은 해경을 포함해, 참사 현장을 관리하지 못했던 국가 재난 대응 체제, 정부 보고 및 정보 공유 시스템, 국가의 국민 감시 체제 등과 같은 잘못된 사회 구조에 있다. 하지만 이는 사회 구조의 전반적인 체계를 포괄적으로 비난함으로써 책임을 모호하게 하려는 것이 아니다. 국가가 구체적으로 어떻게 책임을 회피했는지를 낱낱이 조사하고 기록함으로써 이 참사가 몇몇 개인이 잘못하여 일어난 것이 아님을 밝히고, 국가가 어떻게 잘못했고 어떤 부분에서 책임을 져야 하는지를 명백히 드러내고자 한다.

국가가 다하지 못한 책임을 구체적으로 기록하는 작업은 세월호참사와 같은 참사가 한국 사회에서 더는 재발하지 않도록 하는 실질적인 대책을 마련하는 데 초석이 될 것이다. 국가가 재난을 예방하고, 수습하고, 후속 지원을 할 때 책임을 쉽게 회피할 수 없는 제도를 마련하는 작업은 세월호참사 피해자가 침해받은 인권의 일부를 회복하는 길이다. 또 온 국민이 안전한 사회에서 살 수 있는 지당한 권리를 보장하는 과정이기도 하다. 세월호참사에서 구체적인 교훈을 얻고 더 안전한 사회를 만들어나가기 위해 계속 애쓴다면, 시민사회가 국가의 존재 의의를 다시 생각하고 국가를 향한 무너진 신뢰를 조금씩 쌓아나갈 수 있을 것이다. 사참위의 조사 활동과 이를 정리한 세월호참사의 기록은 공동체의 회복을 위해 앞으로 우리 사회가 감당해야 할 여정의 첫걸음이다.

# 노년기의 건강노화권-
# 삶의 종착역을 향한 여덟 정거장 대응 방안

윤 종 률·한림의대 가정의학교실 노인의학 명예교수

## 1. 노년기에 더욱 절실한 건강의 권리

지팡이에 의지한 힘겨운 발걸음으로 노인 환자가 진료실에 들어온다. 그 모습에는 그분의 삶 속에 버무려진 갖가지 생로병사의 기록이 담겨 있다. 노화의 정도와 원인, 병듦의 정도와 원인, 죽음까지의 시간과 원인이 그 속에 모두 숨겨져 있다. 잘 확인하면 회복resilience 과 적절한 삶의 유지를 위한 가능성과 방향을 가늠할 수 있다. 주름진 얼굴과 굽어진 허리와 느려진 발걸음을 보면 건강 노화를 향한 생애주기별 권리가 사람의 인생에 얼마나 중요한 것인지를 깨닫게 된다.

건강할 권리健康權를 국민의 기본권으로 보장하자는 논의가 오랫동안 제기되어 왔음에도 불구하고 우리나라의 법률상 이러한 규정은 적시하지 못한 상황이다. 다만, 헌법 제10조 행복을 추구할 권리, 헌법 제35조 건강하고 쾌적한 환경에서 생활할 권리, 헌법 제36조 3항 '모든 국민은 보건에 관하여 국가의 보호를 받는다'라는 조항 등에서 건강권을 간접적으로 제시하고 있다.

1948년 12월 10일 파리에서 개최한 제3회 유엔총회에서 채택한 세계인권선언에는 전체 조항 중 앞부분에 속하는 제3조에 '모든 사람은 (인종, 피부색, 성, 언어, 종교, 정치적 또는 기타의 견해, 민족적 또는 사회적 출신, 재산, 출생 또는 기타의 신분과 같은 어떠한 종류의 차별이 없이) 생명, 자유, 신체의 안전에 대한 권리를 가진다'라고 적시함으로써 건강에 대한 보편적 권리를 강조하고 있다. 이후 1978년 알마아타에서 개최한 세계보건기구 주관의 일차보건의료에 관한 국제회의에서는 '단순히 질병이나 신체의 허약에서의 탈피뿐만이 아니라 완전한 정신적, 육체적, 사회적 안녕 상태인 건강은 기본적인 인간의 권리이며, 가능한 최고 수준의 건강을 유지하도록 하는 것이 가장 중요한 사회의 목표'라고 적시한 알마아타 선언문이 채택되어 "모든 사람에게 건강을Health for All"이라는 기치를 내세운 바 있다. 이후 세계보건기구는 정기적인 『건강과 인권 보고서』를 통하여 '개인의 건강이 더는 축복의 대상이 아니며 우리가 모두 누려야 할 인간으로서 당연한 권리일 뿐이다'라고 기본권으로서 건강권을 강조하고 있다.

그런데도 지난 3년여간 코로나19 팬데믹 시대를 맞이하면서 세계의 노인은 건강할 권리로부터 철저히 외면당하고 있음을 확인하고 있다.

(2020. 3.) 스페인 한 요양원에서 노인 시체가 무더기로 발견되는 사건 발생. 코로나 감염증이 요양원에서 확산하자 입소 노인을 돌봐야 할 직원이 모두 도망가며 방치된 것으로 추정.

(2020. 4.) 이탈리아 밀라노의 한 요양원에서 한 달 새 100명이 넘는 사망자가 나왔는데, 전국에 산재한 요양원이 코로나19 방역 사각지대에 방치되고 있다는 우려.

(2020. 5.) 영국 BBC 뉴스—의사 및 의학자의 논의 결과, 제한된 코로나 치료 자원 환경에서 노인보다는 젊고 건강한 사람에게 치료 우선권을 주라는 권고 소개.

(2020. 3.) 미국 SNS 중심으로 코로나바이러스를 '부머 리무버 boomer remover'(꼰대를 없애주는 감염병)라는 노인 혐오성 용어 급속하게 퍼짐.

(2020. 3.) 일본의 SNS에서 청년층이 코로나19로 노인 사망률이 늘어나는 것을 환영하는 일러스트와 함께 '빨리 이렇게 되었으면 좋겠다'라는 언급을 한 게시글이 순식간에 퍼지고 7만 건 이상의 호응을 받음.


질병관리청의 2022년 7월 보고에 의하면 우리나라에서도 오미크론 변이 바이러스가 확산한 이래 전체 코로나 사망자 중 60세 이상이 90%를 차지하였고, 코로나 감염을 포함한 노인 초과 사망자(코로나 감염 사태가 아니었다면 사망하지 않았을 노인)의 수가 2022년 2~3월 사이에 4천여 명에 달하고 있음이 확인되었다. 모두 경험하여 알고 있듯이 코로나 팬데믹 이후 요양병원이나 요양원에 계신 어르신은 코로나 감염의 위험에 항상 노출되어 있었고 게다가 가족이나 외부인 면회 금지 조치에 의한 고립과 우울함에 시달리면서 건강 상태가 갑자기 나빠지거나 그에 따른 사망 발생이 늘어난 상황을 맞았다.


## 2. 위기의 고령사회

2022년 11월 15일 UN은 세계인구가 80억 명에 도달하였다고 발표하였다. 지난 10여 년 사이에 10억 명의 인구가 늘어났다. 비록 1950년대 이후로 세계인구의 증가 속도는 줄어들고 있으나 향후 세계 인구구조의 가장 큰 문제점은 저소득국가에서만 주로 인구가 늘어날 뿐 선진국에서는 인구의 감소 현상이 지속한다는 점이다. 이런 현상은 빈곤, 기아와 영양실조의 악화와 함께 건강과 교육, 경제적 불평등이 더욱 가속화할 가능성이 높아질 우려를 불러오고 있다.

우리나라는 선진국형 인구구조로 변화하고 있는데, 무엇보다 그 변화가 급격한 양상이라서 인구변화 충격에 대한 대응 정책을 마련하고 적용할 시간이 부족한 상황이다. 2000년에 고령화사회(65세 이상 인구의 수가 전체 인구의 7%를 넘어서는 시기)에 접어든 이래 2018년에 고령사회(노인인구 14%)에 진입하였고, 이로부터 겨우 7년 후인 2025년이면 초고령사회(노인인구 20% 이상)에 들어선다. 고령화사회에서 고령사회로 진입하는 18년이란 시간이나 고령사회에서 초고령사회로 진입하는 데 걸리는 기간 7년은 세계에서 유례없이 가장 짧을 정도로 빠른 속도이다.

반면 2021년의 합계출산율(15~49세의 가임여성 1명이 평생 낳을 것으로 예상되는 평균 출생아 수)이 0.81명으로 밝혀진 것처럼 3년 연속 세계에서 가장 낮은 출산율을 보인다. 인구수가 현재의 수준으로 계속 유지하기 위한 합계출산율 수치는 2.1명이므로, 이미 우리나라는 인구 감소기에 접어들었다는 의미이기도 하다. 그 결과 우리나라의 노령화지수(사회가 늙어가는 속도를 의미하는 지표인데, 0~14세의 어린이 인구 100명에 대한 노인인구의 수)는 2017년에 이미 100명을 넘어서서 현재는 152명에 달하고 있고, 노년부양비(일하는 사람 100명이 몇 명의 노인을 부양해야 하는지 확인하는 지표)는 25명으로 확인되고 있다.

〈표1〉 우리나라 인구 추이(2010~2070)(통계청)

(단위: 천 명, %, 생산연령인구 100명당 명, 유소년인구 100명당 명)

|  | 총인구 | 65세 이상 | 구성비1) | 노년부양비2) | 노령화지수3) |
|---|---|---|---|---|---|
| 2010 | 49,554 | 5,366 | 10.8 | 14.8 | 67.2 |
| 2020 | 51,836 | 8,152 | 15.7 | 21.8 | 129.3 |
| 2022 | 51,628 | 9,018 | 17.5 | 24.6 | 152.0 |
| 2025 | 51,448 | 10,585 | 20.6 | 29.7 | 201.5 |
| 2030 | 51,199 | 13,056 | 25.5 | 38.6 | 301.6 |
| 2035 | 50,869 | 15,289 | 30.1 | 48.6 | 369.1 |
| 2040 | 50,193 | 17,245 | 34.4 | 60.5 | 389.5 |
| 2050 | 47,359 | 19,004 | 40.1 | 78.6 | 456.2 |
| 2060 | 42,617 | 18,683 | 43.8 | 90.4 | 570.6 |
| 2070 | 37,656 | 17,473 | 46.4 | 100.6 | 620.6 |

자료: 통계청, 「장래인구추계: 2020~2070년」
주: 1) 구성비 = 고령인구(65세 이상) ÷ 총인구 × 100
　　2) 노년부양비 = 고령인구(65세 이상) ÷ 생산연령인구(15~64세) × 100
　　3) 노령화지수 = 고령인구(65세 이상) ÷ 유소년인구(0~14세) × 100

노인인구 급증의 또 한 가지 원인은 빠르게 증가하는 우리나라의 평균 수명이다. 1945년 해방하던 해 35세에 불과했던 평균 수명은 경제부흥과 위생환경 개선, 보건의료의 발전 등에 힘입어 1985년에 69세에 이르렀고, 2022년 현재 83.3세(남자 80.3세, 여자 86.3세)에 달하고 있는데, 이것 역시 세계에서 가장 빠른 수명 증가 추세이다. 외국 인구학자의 연구 결과에 따르면 2030년경에 평균 수명이 90세를 넘어서는 세계 최초의 국가가 한국이 될 것이라는 보고가 발표된 바 있다(Kontis 등. Lancet, 2017).

평균 수명의 증가는 바람직한 부분이기는 하지만, 문제는 건강하게 오래 사는 것(무병장수)이 아니라 아프면서 오래 살고 있다(유병장수)는 사실이다. 즉, 평균 수명은 지속해서 늘어나지만, 건강수명(질병 없이 살 수 있는 기대수명)은 10년 전이나 지금이나 66세를 넘지 못하고 있어서 죽기 전 15년 정도를 질병의 고통 속에서 살아간다는 점이다.

또한 젊은 연령층은 늘지 않으면서 고령자 인구만 급격하게 늘어난다는 것은 다양한 사회경제적 충격을 유발한다. 기초연금이나 장기요양 보호비, 의료비 등 지출 증가에 따른 재정적 부담이 빠르게 늘어나고, 독거노인의 수도 그만큼 많아지고 있다. 그 결과 노인빈곤율 세계 1위, 노인자살률 세계 1위라는 안타까운 기록을 타개하지 못하고 있다.

이대로 가면 우리나라에서도 몇 년 이내에 일부 초고령 국가에서 보이던 노인 환자 방임, 돌봄 거부, 노인학대, 젊은층의 국민연금 납부 거부, 노인차별 등 세대 간 갈등이 발생하지 않을지 무척 걱정되는 상황이다.

이처럼 우리는 위기의 고령사회를 맞이하고 있다. 앞으로 초고령사회에 진입하는 2025년, 베이비붐 세대 전체가 후기고령자(돌봄 필요성이 높아지는 75세 이상)에 접어드는 2035년, 노인 전체의 절반 이상이 후기 고령자가 되는 2040년, 이 세 개의 주요 전환기가 도달하기 전에 저출산 고령사회가 직면할 각종 사회경제적, 보건의료적 측면에서 획기적 대응 정책이 마련되지 않으면 우리 사회의 미래는 위기를 맞이하게 될 가능성이 높기 때문이다.

## 3. 불안한 고령사회를 희망으로 바꾸기

### 1) 건강 노화 대응의 중요성

저출산 고령사회의 위기를 극복하기 위한 다각적인 검토와 대응이 필요하지만, 이 글에서는 주로 노년기 문제, 특히 보건의료적 측면에서 접근해보고자 한다.

노년기 삶의 질에 영향을 주는 네 가지 핵심 요인은 질병, 빈곤, 소외, 역할 상실이다. 물론 이들 요인은 밀접한 상호 연관성을 가지고 있지만, 현재 우리나라 대부분 노인이 이들 4가지 문제점을 고루 지니고 있어서 삶의 질이 바닥 상태인 경우가 많다. 해방과 전쟁 격동의 시기에 태어난 지금의 노인 세대는 어려서부터 성인기에 이르기까지 자신의 건강을 돌보지 못하여 여러 가지 만성질환을 앓고 있고(질병), 몸을 혹사하며 번 돈은 모두 가족의 생활 안정과 자식의 교육에 쏟아부으면서 자신의 노후 생활을 위한 비용을 마련하지 못했다(빈곤). 새로운 세대의 자녀는 더는 나이 든 부모와 함께 살거나 부양 부담을 기꺼워하지 않아서 독거노인으로 외롭게 생활하는 경우가 많고(외로움), 질병의 합병증과 허약 증상 때문에 더이상 사회활동을 하거나 여유를 즐길 소일거리도 찾지 못하고 있다(역할 상실).

이런 질병-빈곤-기능 상실-소외의 악순환 고리를 끊기 위한 방안을 '건강 노화healthy aging' 대응이라고 한다. 한가지라도 해결할 수 있으면 삶의 질을 높이는 데 도움이 되지만, 그중에서 무엇보다 건강을 유지하는 것이 가장 큰 긍정적 영향을 미친다. 건강해야 비용을 절약하고 움직일 수 있으며 할 일이 생기고 소외되지 않기 때문이다.

건강 노화healthy aging란 '만성질병의 적정 관리, 일상 생활기능의 유지, 적극적 사회활동 참여'를 통하여 가능하고(Rowe & Kahn, 1997), 이러한 목표는 세계보건기구 WHO에서 이미 10여 년 전부터 강조하고 있고, 최근에도 '건강 노화 10년decade of healthy aging 2020~2030'을 슬로건으로 내걸고, 이를 위한 핵심 전략으로 ICOPE(integrated care for old people; 노인통합 건강관리)를 제시하였는 바, 이것은 노인을 대상으로 사람 중심의 보건 및 사회복지서비스 제공을 위한 지역사회 자원 활용을 통하여 그들의 질병 관리와 일상 생활기능을 최적화해야 한다는 것이다.

그렇다면 건강 노화 대응 전략을 가장 집중해야 할 대상은 누구일까? 물론 태어나서 죽음에 이르기까지 모든 과정이 건강증진과 질병 예방에 힘써야 하는 것은 당연하지만, 노인 보건의료의 측면에서는 특별히 주의해야 할 시기가 있다.

우리가 일생을 살면서 앓게 되는 질환, 특히 노년기의 삶에 큰 영향을 주는 주요 만성질환 위주로 살펴보면 아래 그림과 같다. 즉, 노인 보건의료의 측면에서 가장 주의를 기울여야 할 연령대는 70대이다. 〈그림1〉에서 확인할 수 있듯이 한 개체 내에 가장 많은 만성질병(고혈압, 당뇨병, 백내장, 전립선질환 및 요실금, 심장질환, 관절질환, 골다공증과 골절, 뇌혈관질환, 파킨슨병, 치매 등)을 보유하는 시기가 70대이고, 그에 따라 이 시기에 상당수의 합병증 발생에 따른 입원과 기능장애의 위험이 가장 크기 때문이다(65세 이상 전체 노인의 평균 만성질환 개수는 2.7개인데 반해 70세 전후의 만성질환 보유 개수는 5.2개로 두 배에 달함).

〈그림1〉 연령증가에 따른 만성질환 발생 양상과 진료인원

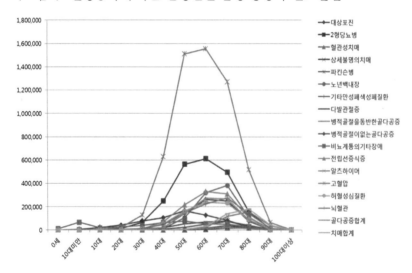

2015년 건강보험공단 보험진료 수진자 분석.
자료: 윤종률. 전환기 의료서비스 모형개발 연구보고서. 2017.

보유한 만성질환의 개수가 1개 이상 증가할 때마다 일상생활 기능장애의 발생은 두 배씩 증가한다(2020 노인실태 조사 결과). 그 결과, 기능장애의 발생위험이 가장 많이 증가하는 연령 기준은 평균 75세의 후기 노년기 시작점이며, 노인 의료의 대상으로 가장 중요한 대상이 바로 이 연령대 전후의 집단이다.

따라서 건강 노화를 달성하려는 방안에 대한 고민을 70대 이후 후기 노년기 삶의 여정에 따라 살펴보기로 하자.

## 2) 후기 노년기 삶의 흐름과 건강 노화 대응 방안

노화가 일찍부터 시작되었거나 질병이 많은 사람은 60대부터, 일반적으로는 70대 이후부터 다양한 문제점을 겪게 될 가능성이 높다.

이런 후기 노년기 삶의 여정을 구분해 보면 일반적으로 대략 다음의 8단계로 나눌 수 있다.

- 1단계 안정기-독립적인 생활을 유지하고 스스로 질병 관리도 해 나가는 시기
- 2단계 건강 저하기-때때로 질병의 악화나 허약 증상이 생겨 조금씩 일상 생활 유지를 힘겨워하지만, 쉽게 극복이 되는 시기
- 3단계 위기 발생기-갑작스레 새로운 질병이나 낙상 등의 사고가 생기거나 기존 질병이 악화하여 응급실을 방문하거나 예상치 못한 병원 방문을 하는 상황의 발생
- 4단계 회복기 - 비록 병원에 입원하여 치료받았지만, 다행히 질병을 극

복하고 퇴원할 수 있는 상태, 집으로 복귀할 수도 있으나 요양병원이나 요양원으로 가는 경우도 발생

- 5단계 기능쇠퇴기-노화에 따른 회복 능력의 감퇴 때문에 질병을 앓고 난 후유증으로 점차 혼자서는 기본적인 일상생활도 유지하기 어려워 진 시기
- 6단계 죽음 전 단계 - 쇠약 정도가 점차 심해지고 면역력도 떨어져서 수시 로 질병이 발생하면서 와상 상태로 접어든 시기
- 7단계 죽음 단계 - 정신이 흐려지고 대화가 어려워지면서 서서히 혈압과 호흡, 맥박 등 활력 징후가 감소하여 사망에 이르는 단계
- 8단계 애도기-사망 후 가족이 마음을 추슬러야 하는 시기

〈그림2〉 일반적인 노년기 인생 여정의 8단계

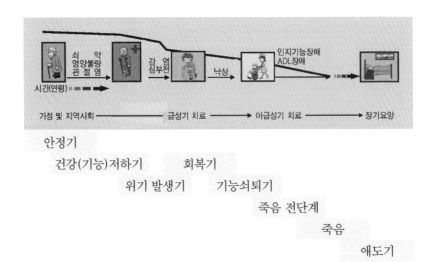

후기 노년기의 건강 노화 대응 방안이란 이런 8단계의 흐름에서 각 단계가 좀더 오래 지속되도록 하거나 예상치 못하게 단계를 건너뛰지 않고 부드럽게 흘러가도록 하는 것, 가급적 앞쪽 단계가 길고 뒤쪽 단계는 짧게하는 것, 그래서 노인 스스로 또는 주변 가족이 충분한 준비를 할 수 있도록하여 몸과 마음의 부담이 덜어질 수 있도록 하는 것을 의미한다.

### (1) 안정기-독립생활 유지기

시골에 부모님 두 분만 살고 계신다. 바쁘다는 핑계로 가끔 전화만 드리고 자주 찾아뵙지는 못한다. 오늘도 겨우 보름 만에 전화를 드렸다. '걱정하지 마라, 어디 아픈 데도 없고 우리끼리 재밌게 잘 살고 있다'라는 대답에 그래도 안심한다.

과연 나이 많은 부모님의 건강은 괜찮은 것일까? 물론 건강생활을 잘 실천하고 계신 부모님도 있으시겠지만, 부모님은 자식이 걱정한다고 여간해서는 아프다고 하지 않으신다는 것쯤은 모두 잘 알고 있다. 그 말을 곧이곧대로 믿는 것은 자식 스스로 귀찮은 일(?)을 피하고 싶은 마음이 반영된 것뿐이라는 것이 솔직한 고백일 것이다.

가족은 명절이든 생신이든 부모님을 뵈러 가면 부디 최소한 3일쯤은 함께 지내면서 유심히 살펴보아야 한다. 같이 식사하고 같이 산책하고 같은 방에서 함께 잠을 자야 한다. 식사는 골고루 잘 드시고 있는지, 입맛 없다고 식사를 거르거나 반찬 한두 가지만 놓고 대충 끼니를 때우시지는 않는지 살피고 부엌과 냉장고도 확인해야 한다. 움직일 때마다 끙끙대는 소리를 내거나 주무시면서 잠꼬대 같은 소리를 지르거나 소변이 마렵다면서 수시로 깨지는 않은지 살펴야 한다. 함께 걸으면서 걸음 속도가 느려지지는 않았는지, 조금만 걸어도 숨이 차지는 않으신지 확인해봐야 한다. 현재 앓고 계신 질병은 무엇인지 다시 한번 확인하고 꼭 드셔야 하는 약은 제대로 드시고 있는지, 주치의는 누구인지, 뭔지도 모르는 약이나 건강보조약을 잔뜩 드시고 있지는 않은지 확인해볼 필요가 있다.

국가는 이 시기의 노인을 위한 정기검진 체계를 새롭게 개편하여 적용하여야 한다. 고혈압, 당뇨병같이 젊은 층을 위한 기존의 건강검진(2년마다 하는 공단 검진)으로는 노년기 건강 상태를 제대로 파악할 수 없으므로, 노인성 질병인 우울증, 기억력 저하, 요실금, 골다공증, 낙상, 시력과 청력, 낙상 위험 등을 추가로 조사하는 검진 항목을 만들어 매년 점검해주는 검진 체계를 만들어야 한다. 가급적 담당 주치의를 지정하여 질병 상태에 맞게 꼭 필요한 약만 처방하도록 하고 복용 약들을 검토하고 정리해주도록 하는 것도 필요하다.

## (2) 건강(기능) 악화기-가끔 문제 발생

아버님으로부터 오랜만에 전화가 왔다. '네 엄마가 어제저녁에 평소보다 일찍 졸린다면서 자다가 도중에 일어나서는 "왜 아직 큰애가 집에 안 왔어요? 퇴근이 늦네"라고 서울에 살고 있는 너를 찾으면서 엉뚱한 소리를 하더니, 화장실 가는 길에 소변을 지렸다. 생전 그런 일 없었는데… 오늘은 또 아무렇지도 않고 멀쩡하긴 하다. 무슨 문제가 생긴 건지 걱정이 된다'

70대를 넘어서면서 노화현상이 지속되면 점차 기력이 약해지는 노쇠

현상이 생긴다. 주로 근력이 떨어져서 움직임이 둔해지거나 활동량이 적어지고 식욕이 저하되어 영양불량이 생기는 경향이 높다. 이런 경우에는 감기와 몸살 같은 별것 아닌 질병에도 몸져눕기 쉽고 평소에 잘하던 일상생활 업무도 잘 해내지 못하는 경우가 생긴다. 무엇보다도 '노인병 증후군'이라는 증상이 잘 생기는데, 어지럼증과 낙상, 식욕 저하, 수면장애, 소변지림, 섬망(시간과 장소를 구분하지 못하고 엉뚱한 소리를 함), 기억력 감퇴 등이 갑자기 생기거나 심해지는 양상을 보이는 것이 노인병 증후군이다. 몸 상태가 좋아지면 완전히 회복하기도 하지만, 반복하거나 지속하면 위험하다.

이런 노인병 증후군이 생기는 가장 큰 원인은 약 부작용인 경우가 많다. 평소 복용하지 않던 약, 특히 수면제나 안정제, 우울증약 같은 약을 새로 드시게 될 때 흔하다.

따라서 가족은 어르신이 최근에 바뀌거나 추가된 복용 약물이 있는지 먼저 알아보는 것이 중요하고, 그것이 아니라면 탈수나 영양불량, 폐렴 같은 감염질환이 생겼을 수 있으므로, 비록 응급질환은 아니지만 반드시 병원에 모시고 가서 확인해볼 필요가 있다. 이때부터는 가족의 집중적인 관심과 회복을 위한 노력이 부모님께 기울여져야 하는 핵심적인 시기이다.

담당 의료진이나 정부에서는 이 시기의 노인에게 근력과 보행 능력, 영양 상태와 같은 노쇠 평가와 함께 복용 약물 평가를 주기적으로 적용하는 의료서비스를 제공하고(노쇠 평가 진료 서비스), 집안에서 칩거하는 생활을 하지 않도록 사회활동 프로그램을 마련하여야 한다(노쇠 예방 프로그램). 이런 시기에 인지기능이 악화하는 경우가 많으므로 치매 검사 같은 인지기능 평가를 받아보는 것도 좋다.

일단 노인병 증후군이 생긴 이후부터는 앓고 있는 질병이 여러 개라 하더라도 여러 군데 병·의원을 다니게 하지 말고 가급적 한 명의 주치의를 정하도록 하는 것도 꼭 필요하다(노인 주치의제도). 의사를 만날 때에는 가족이 반드시 부모님과 함께 가서 담당 주치의의 의견을 자세히 듣고 질문하여 건강 회복을 위한 방법을 알아보아야 한다.

혹시 허약 증상이 지속할 가능성이 높고 노인병 증후군이 또 발생할 가능성이 높다면, 부모님의 인지기능이 좋은 이 시기에 '사전연명의료의향서'를 작성해 두는 것이 꼭 필요하다. 사전연명의료의향서란 혹시 의식이 흐려지거나 건강상 심각한 문제가 생겼을 때 어디까지 치료를 받을 것인지를 미리 결정하고 공식적으로 기록해 두는 것이다. 중환자실 치료를 받을 것인지 아닌지, 인공호흡기나 혈액투석 치료를 적용할 것인지 아닌지, 심폐소생술을 받을 것인지 말 것인지 등을 본인이 직접 선택하고 가족과 상의하여 결정하는 것을 말한다.

지역사회에서는 노쇠현상이 지속되거나 악화하지 않도록 노인 운동프로그램이나 영양 관리 서비스(요리 교실, 독거노인을 위한 도시락 배달, 영양 보충 식단 제공 등)를 강화하여 노인들이 쉽게 참여할 수 있도록 하여야 한다.

### (3) 위기 발생기–갑작스러운 응급실 방문

딸 집에서 가까운 아파트에 혼자 살고 있는 81세 김 씨 할머니는 고혈압과 당뇨병, 관절염을 앓고 있지만, 나름 질병을 잘 관리하고 생활해왔다. 그러나 며칠 전 몸살과 미열이 생기더니 입맛도 잃고 기운이 없어서 주로 소파에 누워지내는 시간이 많아졌다. 저녁에 소변이 마려워 화장실에 갔다가 볼일을 마치고 일어나다가 어지럼증이 생기더니 화장실 바닥에 그대로 쓰러지고 말았다. 엉덩이 부분을 바닥에 심하게 부딪혔는지, 꼼짝하기 어려울 정도로 너무 아프고 다리를 움직이기가 힘들어 한동안 누워있을 수밖에 없었다. 밤늦게 들렀던 딸은 화장실 앞에서 끙끙대고 있는 어머님을 보고 소스라치게 놀라서 119를 불러 응급실로 왔다. 몇 가지 검사를 마치고 의사에게 고관절 골절이 생겼다는 말을 듣고 결국 입원을 하였다.

비록 가끔 통증이나 어지럼증 등이 생기기는 하였어도 이렇게 응급실에 실려 오는 예는 없었지만, 이제 노인병 증후군이 본격적인 문제를 일으키기 시작하는 단계가 위기 발생기이다. 이처럼 골절이나 폐렴, 뇌경색같이 수술이나 주사 치료가 필요하여 입원하게 되는 경우이다.

그런대로 잘 지내신다고 믿던 가족은 이 위기 발생기가 되어서야, 응급실에서 시행한 여러 가지 검사 결과를 들으면서 부모님에게 숨겨져 있던 건강 문제가 얼마나 취약한 상황에 있었는지를 깨닫고 그동안의 무관심에 대해 죄책감을 느끼기 쉽다. 세 끼 식사 잘하고 계신다고 했는데 영양 상태가 얼마나 불량한 상태에 있었는지, 겉보기에 잘 움직인다고 생각했는데 골다공증이 얼마나 심하고 무릎과 허리의 관절이 얼마나 심하게 뒤틀리고 손상이 되어 있었던 것인지, 그냥 가끔 머리가 아프다고 해서 그런가 보다 했는데 뇌혈관이 저렇게나 심하게 막혀서 뇌경색이 오고 있었던 것인지, 때로는 전혀 예상치 못했던 암이 폐나 대장에서 발견되기도 한다. 그래서 바로 앞 단계인 부모님의 건강 악화기에 미리 집중적인 건강평가와 건강 회복 방안이 적용되어야 한다는 것이다.

일단 위기 발생이 생겼다면 이제 노인 환자와 가족, 의료진은 신중한 논의를 시작해야 한다. 제일 급한 치료는 어떤 것인지, 수술을 할 것인지 약을 쓰면서 기다려 볼 것인지, 수술해야 한다면 지금 부모님의 상태가 몇 시간의 수술을 견뎌낼 수 있을 정도인지 아닌지, 회복 가능성은 얼마나 되는지 등에 대한 충분한 검토와 논의를 진행해야 한다. 몇 분이나 몇 시간 내에 치료하지 않으면 생명을 잃을 수도 있는 심근경색이나 뇌출혈 같은 응급상황이 아니라면(아니, 심지어 그런 경우에라도) 치료 도중의 사망 위험성이나 장기간의 중환자실 치료가 필요한 것인지에 대해 담당 의사와 가족 간에 사려가 깊은 논의가 필요하다.

이때 중요한 것이 '느림의 의료slow medicine'를 적용할 것인지를 고민하는 것이다. 젊은 심근경색 환자에게 적용되는 응급실-응급입원-수술실-중환자실로 이어지는 빠른 의료fast medicine가 노인에게도 똑같이 적용될 것인지에 대해서는 의사 사이에도 이견이 많다. 치료의 부작용 발생과 무의미한 연명의료 등이 이 시기에 함부로 적용할 가능성이 높기 때문이다.

이 논의 과정에서 기록해 두었던 사전연명의료의향서를 다시 한번 살펴보고 결정하는 것이 필요하다. 미리 작성해 두지 않았다면 가족이 모여 함께 연명의료에 대한 의견을 지금이라도 확실하게 제시하여야 한다. 왜냐하면, 만약 회복이 어려운 질병인 경우라면 부모님이나 가족의 연명의료에 대한 의견을 충분히 고려하여 치료 방향을 결정하기 때문이다. 가족으로서는 어쨌든, 목숨이라도 살리고 보자는 마음이 더 절실할 수도 있으나, 그럴 때 자칫 다시는 집으로 돌아가지 못하고 중환자실에서 인공호흡기에 의지하여, 서로 만남도 의사소통도 불가능하고 엄청난 입원비까지 감당해야 하는 안타까운 시간이 이어질 수도 있다.

### (4) 회복기-기능 재활치료 적용 시기

다행히 김씨 할머니는 부러진 고관절을 빼내고 인공관절로 대체하는 어려운 고관절 수술을 잘 견뎌내셨다. 물론 수술 후 며칠간 중환자실에서 치료받으셨고, 그 과정에서 정신이 오락가락하고 헛소리하는 섬망 증상도 수시로 생기기는 하셨지만 4일 만에 중환자실을 벗어나 일반 병실로 옮겨와서는 수시로 가족과 면회하면서 빨리 회복하는 경과를 보이셨다. 한 달간의 입원 기간 관절 재활치료도 받으면서, 비록 부축받아야 하지만 조금씩 걷기운동도 가능할 정도로 회복이 되셨다. 병원에서는 이제 퇴원해도 된다고 하였으나, 아무래도 전에 살던 집으로 돌아가 혼자 살기에는 어려운 상태이다. 병실 밖에서 딸과 두 아들 사이에 향후 누가 어머님을 모시고 살지에 대한 논의가 때때로 언성을 높여가며 계속되고 있다.

입원 치료를 통하여 급한 불은 껐지만, 앞으로 과연 어머님이 예전처럼 다시 일상생활로 돌아올 수 있을까? 이 시기를 회복기, 또는 급성기 후 치료 시기라고 하며, 일상생활 복귀 가능성을 좌우하는 가장 중요한 때이다. 핵심은 기능 재활(걷고, 움직이고, 식사하고, 화장실 사용을 하는 것 등의 능력을 되찾는 치료)을 얼마나 열심히 제공하는가에 달려 있다. 기능 재활

서비스가 적절하고 강력하게 제공된다면 몰라볼 정도로 회복되어 원래의 생활을 유지하는 노인분이 생각보다 많다.

골절 수술을 받은 다리의 근력을 키우는 것, 뇌경색이 생겼다면 신경마비를 이겨내고 스스로 움직이고 생활하는 것, 폐렴 치료 받았다면 손상된 폐 기능을 회복시켜 숨쉬기에 어려움이 없어지게 하는 것 등이 모두 기능 재활이다. 물론 입원 과정에 생긴 다른 건강 문제, 예를 들면 소변이나 대변을 제대로 못 본다든지, 오래 누워있으면서 생긴 욕창이 생겼다든지, 식욕을 잃어 식사를 잘 못한다든지, 정신이 흐려져서 인지능력이 한 단계 떨어졌다든지 등을 회복시키는 것도 함께 이루어져야 한다.

일단 퇴원은 해야 하므로, 방향 결정은 서너 가지가 있다. 집으로 퇴원하는 것, 재활병원으로 가는 것, 요양병원으로 가는 것, 요양원으로 모시는 것 등이 그것이다. 가장 좋은 것은 가족과 함께 지낼 수 있도록 집으로 퇴원하는 것이다. 그것도 부모님이 입원 전에 지내시던 집으로 돌아오는 것이 가장 좋다. 물론 가족 중 누군가가 함께 생활하면서 돌보는 것이 전제되어야 한다. 그것만으로 부족하고 간호사나 재활치료사가 방문하여 남은 건강 문제를 함께 돌볼 수 있어야 한다. 따라서 가정간호나 방문 재활서비스를 신청하여야 한다.

가족의 상황이 여의치 못하다면 1~2개월 정도의 기간을 정하여 요양병원, 특히 재활 치료를 적극적으로 해 주는 요양병원으로 옮기는 것이다. 가족은 집주변의 괜찮은 요양병원을 열심히 찾아봐야 한다. 만약 부모님의 치료 후 상태가 너무 좋지 않고 거의 움직일 수 없을 정도라면 어쩔 수 없이 요양원으로 모시는 수밖에 없을 수도 있다. 그러나 입원 후 부모님의 상태가 아무리 좋지 않더라도 집으로 모시는 것이 부모님의 마음을 가장 편안하게 하는 것이다.

　이런 경우를 대비하여 정부나 지역사회에서는 방문 의료, 방문간호, 방문 재활서비스를 적극적으로 구비하고 있어야 한다. 아직 우리나라에는 이런 서비스가 충분하지는 않은 상황이지만, 이미 오래전부터 방문요양, 방문간호, 방문목욕 서비스 등을 제공하는 장기 요양보험이 있고, 일부 지역에서는 생활에 불편함이 없도록 집안 환경을 바꿔주는 주택개조 서비스도 제공하고 있으며, 최근에는 방문 진료를 제공하는 재택의료(집으로 의사가 수시로 방문하여 치료를 제공해주는 서비스)도 시범적으로 제공하고 있다.

## (5) 기능쇠퇴기-돌봄(요양) 상태로 진입

74세의 이씨 할아버지는 고혈압을 앓고 계시다가 달포 전 갑자기 심한 두통과 함께 의식을 잃고 쓰러지셔서 뇌출혈 진단을 받고 병원에 한 달 가까이 입원하셨다가, 아직도 신체 움직임이 잘 안 되는 마비 증상을 가진 상태로 퇴원하여 할머니(부인)가 계속 돌보는 중이다. 정성껏 돌봄을 받았음에도 불구하고 우측 반신불수 상태는 좋아지지 않고 대소변을 받아내는 일이 점차 힘들어졌다. 최근에는 인지기능도 떨어져서 부인에게 쉽게 화를 내고 욕을 하거나 부인을 때리기까지 하는 바람에 안 그래도 허리가 아픈 할머니는 몸과 마음이 많이 지친 상태이다.

가족이 수시로 드나들며 돌봐드리고 방문요양이나 방문간호까지 받아가면서 가급적 집에서 모시려고 노력하지만, 뇌 손상이나 치매가 심한 상태의 노인분을 집에서 계속 돌보기는 쉬운 일이 아니다.

그래도 끝까지 아픈 노인을 집에서 모시려고 하는 열성적인 가족도 있다. 이런 경우에는 주간 보호 서비스를 활용하는 것이 도움이 된다. 아침에 모시고 가서 저녁때까지 다양한 프로그램과 음식을 제공하면서 돌봐 드리고 다시 집으로 모셔 오는 서비스가 장기요양보호의 주간 보호 서비스이다. 그만큼 가족은 낮에는 자신의 일상생활을 이어 나갈 수도 있고 돌봄 부담으로부터 해방되어 쉴 수도 있다. 다만, 밤시간 동안에는 가족이 돌볼 수밖에 없다.

장기간의 돌봄에 지친다면 단기 보호 서비스를 신청할 수도 있다. 한두 달 정도 아픈 노인을 요양시설에 부탁하고 쉬는 기간을 가지는 것이다.

그렇지만 대부분 경우에는 어쩔 수 없이 요양병원이나 요양원에 입원 또는 입소시켜서 돌봄을 의지하게 되는 것이 이 시기에 해당한다. 혈압이나 혈당이 잘 조절되지 않거나 욕창이 심해졌거나, 치매에 의한 문제행동이 심해진 경우라면 질병 관리를 함께해야 하므로 요양병원이 더 낫고, 질병은 안정되어 의료진이 수시로 점검할 만한 불안정한 상황은 아니고 식사, 대소변 등의 일상 돌봄을 위주로 관리를 받아야 한다면 요양원이 더 낫다.

집에서 지내든 요양병원이나 요양원에서 지내든, 이 시기에는 가급적 약 복용을 최소화하여 너무 철저한 질병 치료는 하지 않는 것이 더 바람직하다. 신체기능이 너무 떨어진 상태라서 과격한 치료가 오히려 악영향을 끼칠 가능성이 높기 때문이다.

가족은 무엇보다 돌봄을 받는 노인분이 마음의 안정을 찾도록 도와주고 자주 방문하여 따뜻한 접촉과 대화를 하는 시간을 늘려야 한다.

### (6) 죽음의 서막 단계

이씨 할아버지가 요양원에 들어가신 지 4개월이 지났다. 한 달 전부터 오늘까지 벌써 세 번째 요양원으로부터 연락이 왔다. "요 며칠 식사를 잘 못하시고 하루 종일 누워있기만 하세요. 가끔 정신이 흐려지신 듯 대답도 잘 못하시고요."

기능쇠퇴가 심해지고 도저히 집에서 돌볼 상태가 안되어 요양원에 입소하게 되면, 당분간 전문적인 요양 서비스를 받으면서 안정을 찾는 경우가 흔하다. 그러나 그런 시기는 오래가지 않는다. 어차피 회복되는 질병이나 후유증이 아니므로 신체 생리 기능은 꾸준히 떨어지게 마련이어서 작은 충격에도 변화가 많이 생긴다.

어떤 때에는 눈에 총기가 보이고 대화할 수 있다가도 어떤 때에는 정신이 흐려져서 서로 대화가 어렵기도 하다. 이제는 남아 있는 부모님의 생존 기간이 길지 않다. 몇 주 또는 한 달 정도면 돌아가실 위험이 큰 것이다.

이런 시기에는 대부분의 치료를 중단하는 게 오히려 더 좋다. 약 복용을 중단하는 것도 고려해야 하고, 구태여 과격한 물리치료나 재활치료를 계속하려고 애쓰지 말아야 부모님이 더 편안하다. 식사를 못 한다고 영양공급을 위한 콧줄을 낄 것인지 말 것인지, 만약 심정지가 온다면 심폐소생술을 할 것인지 말 것인지도 결정해야 한다. 가능하다면 요양원(요양병원) 내에 호스피스 병실이 있는지 알아보고 그곳으로 옮기는 것도 고려해야 한다.

가족은 모두 연락하여 될 수 있으면 수시로 모이고 부모님 얼굴을 충분히 보는 시간을 가지고, 동시에 가족 간의 갈등도 해소하는 시간을 가져야 한다. 혹시 죽음이 임박하면 대비하여 가족은 마음의 준비를 하는 것이 좋다.

### (7) 죽음 단계

늦은 밤에 요양원으로부터 전화 연락이 왔다. "좀 와 보셔야겠어요. 숨 쉬는 것이 거칠어지고 혈압과 맥박이 떨어지고 있어요."

생체징후(혈압, 맥박, 호흡)에 변화가 생기면 몇 시간 내에 죽음을 맞이할 가능성이 높다.

설문 조사에 따르면 대부분 사람(65%)이 마지막 임종 장소로 원하는 곳은 집이다. 그래서 비록 기능쇠퇴기 단계에 접어들더라도 가급적 집에서 돌봄을 지속하는 것이 좋지만, 현실은 그렇지 못하여 집에서 임종을 맞이하는 노인분이 전체 사망의 14%에 불과하다. 대부분 병원이나 요양원에서 임종을 맞이하게 되는 것이다. 그래서 마지막 임종의 순간에 고통스러운 심폐소생술을 적용하거나 중환자실로 옮겨 인공호흡기를 부착하는 경우가 흔하다. 이런 불필요한 연명의료를 적용하지 않도록 사전연명의료의향서를 미리 작성하는 것이 그만큼 중요하다는 말이다.

집이든, 병원이든, 요양원이든, 마지막 임종 장소는 조용하고 평화로우며 안정적이라야 한다. 죽음의 서막 단계에서 돌봄을 받는 부모님과 가족,

또 가족 간의 대화가 충분하고 감정교류가 많이 유지되어야 이런 평화로운 임종이 가능하다.

비록 의식이 없는 듯 보이더라도 부모님의 뇌 기능이 완전히 중지된 것이 아니다. 가족은 부모님의 생명이 스러져가는 마지막 순간까지도 부모님의 귓가에 고맙고 사랑한다는 말로 위로해드리는 일을 아끼지 말아야 한다.

### (8) 사망과 애도의 시기

아버님이나 어머님에 대한 사망 선고가 내려진 이후의 가족이 가지는 감정은 복잡하다. 고인에 대한 회고와 추모의 시간이 충분하게 이루어져야 하고 그 정신적 유산이 자손에게도 나누어져야 한다.

부모님 생애 후반기의 돌봄에 도움을 주고 신경 써 주었던 주변인, 친지에게 넉넉한 감사를 표하는 것도 잊어서는 안 된다.

남아 있는 배우자와 자녀는 아픈 노인분의 죽음 이후에 찾아오는 무력감, 죄책감, 우울 증상을 무시하지 말고 유심히 살펴야 하고 서로 다독여야 한다. 필요하다면 전문가의 상담이 필요할 수도 있다. 남은 가족의 일상생활로의 복귀가 때로는 몇 달이 걸릴 수도 있다.

## 4. 바람직한 삶의 마무리를 위하여

건강 노화를 달성하고 노년기 삶의 질을 높이기 위해서는 건강 유지 및 질병 관리, 신체 정신적 기능의 강화, 사회활동 참여의 지속이라는 세 가지 요소를 얼마나 잘 달성하는가가 중요하다. 그중에서도 가장 중요한 요소는 건강이다. 중장년기 이후부터 노년기에 이르기까지 질병의 예방과 관리를 위하여 본인의 적극적인 관심과 실천이 필요하지만, 이런 노력이 쉽게 가능한 환경을 만들어 주도록 사회와 정부에 요청하는 것도 매우 중요하다.

나 스스로 실천해야 하는 건강관리(금연, 운동, 절주, 적정 영양 섭취 등)는 나의 노력 여하에 달린 것처럼 보이지만, 실제로는 사회 구조적 문제(노인성 질병 대처를 위한 노인 보건 의료체계 문제, 지역사회 돌봄 자원의 부족, 노년기 대외활동 지원의 부족, 노년기 경제적 불안 문제 등)에 따라 노력 자체가 불가능한 경우도 많기 때문이다. 내가 살고 있는 지역사회 내에서 힘겨운 노인을 위한 돌봄 자조 모임을 스스로 만들어 내고 활성화하는 것도 필요하다.

연령 증가에 따른 노화현상의 발생은 피할 수 없으므로 받아들여야 하지만, 노인성 질병이나 기능 저하와 그에 따른 고통은 피할 수도 있고 예방도 가능하다. 이런 노력을 통하여 다가오는 고령사회의 모든 노인이 건강과 활기를 유지하고, 평화로운 삶의 마무리를 맞이하기를 기대한다.

# 시대정신에 맞춰 시민과 함께 걷기

박홍순·다문화평화교육연구소 소장

나는 그때에 새로운 사명감을 가지게 되었다. 가련한 환자를 돌보는 일도 귀하고 중요하지만 무엇보다 평화가 더 중함을 느꼈다. 나는 이제부터 평화를 위하여 헌신하여야 하겠다고 생각했다. _장기려

평화가 중요함을 깨닫고 새로운 사명감을 가졌다는 말에 공감한다. 한 달에 한 번 저녁에 모여서 다양한 주제를 인권이란 프리즘으로 비추고 서로 배우는 모임이 평화를 실천하는 일이라 생각하기 때문이다. 2023년 올해로 5번째 진행하는 '시민과 함께하는 인권 서로 배우기'는 일정한 틀에 갇히지 않아서 지루하지 않고 역동적이다. 이유는 간단하다. 시대정신에 맞춰 속도와 방향을 정하고 시민과 함께 걷기 때문이다. 사람이 사람으로서 누려야 할 권리에 관해서 시민과 함께 같은 시간과 공간에서 서로

비추며 서로 배우는 속도와 방향을 귀하게 여긴다. 모두 다문화평화교육연구소 공유공간에 기꺼이 찾아와 강의를 맡은 강사 선생님과 시민 참여자가 있어서 가능했던 시간과 공간이다. 평일 저녁에 강좌를 여는 까닭은 퇴근 후에 강의를 듣고자 하는 직장인을 배려하기 때문이다. 그래서 강의를 맡은 선생님은 부득이 하룻밤을 광주에 머물거나 막차로 올라가는 불편함을 감수해야 했다. 이런저런 불편함과 어려움이 있음에도 강의를 위해 빛고을 광주로 한걸음에 달려오는 선생님이 있어서 지루하거나 틀에 갇힐 여력이 없다. 오히려 그런 동력이 거듭 '시민과 함께하는 인권 서로 배우기' 프로그램을 기획하고 시행하도록 이끈다.

작년 2022년은 서로 연결한 존재로서 사람이 얼마나 소중한지 확인하는 시간이며 공간이었다. 사람은 소중하며, 사람과 사람이 서로 연결한 존재임을 인식하고 연대함이 얼마나 멋진 일인가! 서로 연결해서 함께 살아가는 사람들이 삶터와 일터에서 사람답게 사는 것처럼 커다란 위안과 희망을 주는 건 없다. 이 책은 서로에게 위안과 희망을 주는 삶을 살았던 사람들 이야기를 듣고 스스로 깨달아 함께 행동하려고 마련한 강의 내용을 엮은 것이다. 사람이 사람으로서 누려야 할 권리인 인권은 강요나 윽박지르거나 가르치려는 시도가 아니라 스스로 배우는 '페다고지pedagogy'로 가능하리라 믿는다. 그래서 서로 비추고, 서로 배운다는 말을 지속해서 사용하며 실천하려는 것이다.

2022년에 진행한 '시민과 함께하는 인권 서로 배우기' 프로그램에서 강의를 맡아 주신 선생님이 없었다면 이 책은 세상에 나오지 못했을 것이다. 강의뿐 아니라 강의 원고도 기꺼이 써주시고 단행본으로 출간하도록 응원해 준 덕분이다. 모두 다문화평화교육연구소가 지역사회에서 시민과 함께 인권을 서로 배우는 여정을 지지하고 응원하기에 가능한 일이었다. 다시 한번 더 '시민과 함께하는 인권 서로 배우기' 프로그램이 지닌 의미를 여기에 기록함으로써 단행본으로 출간하는 의미를 되새겨 보기로 한다.

하나. '시민을 위한for' 강좌가 아니라, '시민과 함께하는with' 강좌라는 긴 수식어를 붙인 이유를 설명해야 하겠다. 강의와 강좌 또는 교육이 시민이나 사람을 변화시키고 바꿀 수 있다는 위계적이며 수직적 '오만함'에서 벗어나 수평적 '겸손함'으로 전환할 필요성을 깨달았기 때문이다. 학자, 전문가, 작가 중심으로 강좌를 구성하지만, 강사와 시민이 수직적 위계 관계가 아니라 수평적으로 동등한 관계라고 인식한다. 어떤 사람도 다른 사람을 변화시킬 수 없으며, 오로지 사람은 스스로 깨닫고 자발적으로 변화한다는 단순하지만 명쾌한 지혜로부터 출발한다.

둘. '서로 배우기'라는 용어를 사용하는 까닭도 밝혀야겠다. 강의를 담당하는 강사와 강좌에 참여하는 시민이 서로 배우기를 실천하는 시간과 공간을 마련한다는 뜻이다. 일방적 '교육education'이란 용어보다는 상호소통적 서로 배우기, 즉 '페다고지pedagogy'란 용어가 적절하다고 생각한다. 물론 일방적 교육과 강의로 사람이 바뀌고 변화할 수 있지만, 그 변화 주체는 개별 존재다. 바꾸고 변화하는 주체는 개인이며, 비추고 배우는 주체 또한 개별 존재다. 이런 의미에서 '교육education'이 아니라 스스로 깨닫고 아는 '페다고지pedagogy'가 사람이 바뀌고 변화하는 주된 동력인 것이다. 강의와 강좌에 스스로 깨닫고 아는 페다고지를 내포해 붙인 이름이 바로 '서로 배우기'다.

셋. '인권'이란 용어가 지닌 무게를 다른 주제와 연결한다. 강의 맡은 선생님께 '인권'과 연관해서 관련 주제에 관한 강의를 부탁하면 주저하거나 조심스럽게 강의를 맡는다. 왜냐하면, '인권'이란 용어가 지닌 무게가 무겁기 때문일 것이다. 인권을 어떻게 정의하고 강의를 진행하는가에 따라 '인권'이 지닌 무게를 조정할 수 있다고 생각해 다양한 다른 주제와 연결해 요청하고 부탁한다. 사회 전반과 인간사 전반에 속한 모든 주제가 '인권'과 연관한다고 믿는다. 평화, 역사, 세계시민주의 철학, 문학, 건축, 미술, 재난, 노년이라는 주제에 '인권'이라는 개념을 연결하니 이야기가 풍성하고 다양하다. 사람이 사는 모든 영역이 '인권'과 연결해 있다는 것을 강사도 참여자도 인식한다.

일방적 교육이나 한 방향으로 소통하지 않고, 상호교육이나 상호방향과 상호의존하며 소통하는 시도가 '인권 서로 배우기'를 실현하는 출발이다. '인권 교육'이란 표현 대신에 '인권 서로 배우기'란 표현을 의지적으로 사용하는 이유이기도 하다. 기획 의도와 적절한 강사 선생님을 선정하는 일만큼 중요한 일은 '시민과 함께'라는 용어에 나타난 것처럼, 주체적이며 자발적으로 참여하는 '시민'이 '함께'하는 일이다. 기꺼이 자발적으로 찾아와 그 자리에 머물러 함께 해 준 시민이 없었다면 '시민과 함께하는 인권 서로 배우기' 프로그램은 가능하지 않았을 것이다. 그래서 '시민과 함께'하는이란 말이 소중하고 중요하다. 평화!

# 함께 비를 맞는 평화로운 화요일

−시민과 함께하는 인권 서로 배우기

초판 1쇄 발행 | 2023년 11월 1일
글쓴이 | 강남순, 김이정, 나의갑, 문호승, 승효상, 윤종률, 이정구, 정주진
엮은이 | 박홍순(다문화평화교육연구소장)
펴낸이 | 최진섭
디자인 | 플랜디자인
펴낸곳 | 도서출판 말

출판신고 | 2012년 3월 22일 제2013-000403호
주소 | 인천시 강화군 송해면 전망대로 306번길 54-5
전화 | 070-7165-7510
전자우편 | dream4star@hanmail.net
ISBN | 979-11-87342-28-1 (03330)